Survivre

à

un amour perdu

Données de catalogage avant publication (Canada)

Colgrove, Melba

Survivre à un amour perdu

(Mieux-être)
Traduction de : How to survive the loss of a love.

ISBN 2-89077-083-4

1. Chagrin. 2. Perte (Psychologie). I. Bloomfield, Harold H., 1944- . II. McWilliams, Peter. III. Titre. IV. Collection.

BF575.G7C6414 1992 155.9'2 C92-096319-6

Titre original : **HOW TO SURVIVE THE LOSS OF A LOVE**

ISBN 2-89077-083-4
Dépot légal : 1er trimestre 1992

Quand une blessure sentimentale vous meurtrit,
le corps entame alors un processus de guérison
aussi naturellement que
s'il s'agissait d'un trouble physique.

Laissez donc opérer le mécanisme.
Ayez confiance en lui.
Rendez-vous à lui.

Ayez confiance en la nature,
elle assurera votre guérison.
Sachez que votre douleur s'effacera,
et, ce faisant,
vous en sortirez plus forts,
plus heureux, plus réceptifs et plus avisés.

Ce livre est destiné à être utilisé
et non à être seulement lu.

Si vous vivez actuellement une perte émotionnelle et avez besoin d'une aide immédiate, rendez-vous directement à la page 20.

Le fait que vous soyez
en train de lire ces pages
signifie que vous avez déjà
opté pour la vie.

Félicitations.

Et soyez les bienvenus.

Survivre à un amour perdu

par

Melba Colgrove, Ph.D.,
Harold H. Bloomfield, M.D.,
& Peter McWilliams

traduit de l'américain par
Marc-Antoine

mieux-être

CE LIVRE EST DÉDIÉ

À tous les gens de bien.

À mon père dont le décès, survenu alors que j'avais quatre ans, fut une perte accablante.

À ma mère, mes grands-parents et tous mes proches - d'alors et de maintenant - qui m'ont aidé à survivre, à guérir et à grandir.

À ma sœur Bliss, à son mari Joe, et à sa meilleure amie Nancy.

À tous ceux qui n'ont cessé de me soutenir : Peter, Susie, Carolyne, Carl, G.S. Khalsa, M.D., Frank Greene,M.D., Gay et David Williamson et la famille Miesel.

À tous ceux qui refusent la résignation, l'indifférence et l'abandon, et qui ont choisi la vie.

Melba

À ma femme Sirah, ma fille Shazara, ma mère Fridl, ma sœur Nora et mon cher ami Robert, pour leur amour et leur soutien, pour m'avoir aidé, non seulement à survivre, mais à prospérer.

À mes courageux patients qui m'ont appris à survivre, à guérir et à m'épanouir.

Au Maharishi Mahesh Yogi, qui m'a inculqué la méthode de méditation transcendantale au moment où j'en avais le plus besoin.

À ces chers Peter et Melba pour leurs dons et le partage de leurs connaissances.

À eux tous, pour leur émerveillement et leur joie.

Harold

À Melba, Joan et Ginny, pour Maman, J-R et tous mes amis encore vivants.

Merci à tous!

Peter

Table des matières

COMPRENDRE SA PERTE

SURVIVRE

GUÉRIR

S'ÉPANOUIR

Il y a un moment pour tout
et un temps pour chaque chose
sous le ciel.

Un temps pour enfanter et un temps pour mourir,
un temps pour planter et un temps
pour arracher le plant,

Un temps pour tuer et un temps pour guérir,
un temps pour saper et un temps pour bâtir,

Un temps pour pleurer et un temps pour rire,
un temps pour se lamenter
et un temps pour danser,

Un temps pour jeter des pierres,
et un temps pour amasser des pierres,
un temps pour embrasser
et un temps pour éviter d'embrasser,

Un temps pour chercher
et un temps pour perdre,
un temps pour garder et un temps pour jeter,

Un temps pour déchirer et un temps pour coudre,
un temps pour se taire et un temps pour parler,

Un temps pour aimer et un temps pour haïr,
un temps de guerre et un temps de paix.

Ecclésiaste
3, 1 - 8

COMPRENDRE SA PERTE

J'ai trouvé

J'ai perdu.

Si vous vivez une perte quelconque et avez besoin d'aide, rendez-vous directement à la page 20. Revenez à ces premières pages dès que vous en aurez le temps.

Prenons un moment pour considérer la perte dans une plus large perspective. Dans la nature, la perte est un élément essentiel de la création - le bouton fait place à la fleur, la graine fait place à la pousse et la nuit fait place au jour. Dans tous ces cas, la perte ou disparition est une étape de création ultérieure (ou, plus exactement, de re-création).

Ainsi en va-t-il de l'humain. Il est difficile de constater quelque gain dans la vie d'un être, sans y voir une perte qui y soit rattachée.

En tenant cette notion pour définitivement acquise, nous pouvons examiner les différentes sortes de pertes qui surviennent dans une vie; car sans cette notion, celle-ci aurait tendance à devenir déprimante.

PERTES TANGIBLES

- perte d'un être cher
- échec d'une liaison amoureuse
- séparation
- divorce
- perte d'emploi
- perte d'argent
- cambriolage
- viol ou crime violent

PERTES MOINS TANGIBLES

- déménagement
- maladie (perte de santé)
- changement d'école ou d'enseignant
- succès (perte de dynamisme)
- perte d'un idéal longuement médité
- perte d'un objectif à long terme

PERTES RELATIVES À L'ÂGE

- rêves d'enfance
- animal favori
- amourettes
- romances d'adolescence
- fin de scolarité (abandon ou diplôme)
- abandon de domicile
- perte de jeunesse
- perte de beauté
- perte de cheveux ou de dents
- perte d'intérêt sexuel (ou pire, perte de facultés malgré un intérêt toujours présent)
- ménopause
- retraite

PERTES RELATIVES À L'INCERTITUDE

(Est-ce que ça va vraiment? Est-ce un bien ? Est-ce un mal?)

- attente de résultats d'analyses médicales ou de leurs conséquences
- couple au bord du divorce pour la quatorzième fois
- disparition sans raison d'un ami, d'un parent ou d'une épouse
- que faire après une querelle d'amoureux
- attente des résultats d'une transaction d'affaires
- attente des suites d'une poursuite judiciaire
- mise en vente de votre maison

Les pertes relatives à l'incertitude résonnent comme ceci:

Bien souvent pour les autres,
ma vie s'est écroulée
autour de moi
- bien des fois
et pour bien des raisons.

Et la plupart du temps,
j'ai eu la bonne fortune
de pouvoir endurer
cette vie qui battait dans ma tête
et me pétrifiait
de douleur et de désolation.
Mais j'ai survécu.
Et je vis pour aimer encore.

Mais ceci,
cette lente érosion par-dessous
ou du dedans,
c'est moi qui m'effondre
au cœur de ma vie
où tu es encore
- mais pas réellement.
Et cependant tu n'y es plus
- mais pas vraiment.

Je fais bien
tout seul
et mieux
ensemble
mais
ce n'est ni bien ni mal
car ce n'est ni l'un ni l'autre.

Je fais beaucoup
quand solitaire
et je fais plus
quand amoureux
mais le doute
transforme ma douleur
en une Passion géante
avec miracles et martyrs
crucifixions, résurrections.

Viens et reste
ou
reste au loin.

Ces poèmes passionnés
deviennent une croix lourde à porter.

De se sentir «en attente de» représente en soit une perte. Même si la situation évolue de façon favorable (le retour au foyer, les serments d'amours, etc.) la période de doute représente une perte qu'il faut traiter en conséquence.

- Réalisez que de «ne pas savoir» représente la pire torture qui soit.

- Quand vous êtes dans l'incertitude et que votre instinct vous dit qu'il y a peu d'espoir, il est préférable de mettre un terme à la situation plutôt que de la laisser traîner indéfiniment.

- Formulez clairement votre décision de révocation et poursuivez votre entreprise de survie, de guérison et d'épanouissement.

T'abandonner.

Dieu!
Comme les cloches de la liberté
résonnent en moi.

Plus d'attente
de lettres
d'appels
et de cartes
qui ne sont jamais venues.

Plus d'énergie
gaspillée
pour des lettres jamais envoyées.

Et, au bout d'un temps,

plus d'insomnie,
plus de folie.

Un peu plus de bonheur,
un peu plus de vie.

Il suffisait d'abandonner.

Cela m'a pris du temps.

PERTES INÉVITABLES

Il existe des pertes inévitables, des pertes où la mort ou la séparation est imminente. Lorsque vous en êtes avertis à l'avance, vous bénéficiez d'une grande aide en :

- Discutant avec la personne qui s'en va.
- Si vous êtes cette personne, en parlant avec ceux que vous laissez.
- Prenant part aux décisions qui vont être prises.
- Faisant connaître vos souhaits.

AUTRES PERTES

Les pertes provisoires comme un amour de vacances, le déplacement du conjoint, le fils ou la fille intégrant une école éloignée, une régression dans les affaires, même en sachant que l'issue en sera positive, restent, malgré tout, des pertes.

Même le succès comporte en lui certaines pertes : l'abandon d'un objectif à long terme et les changements qui en découlent font, presque toujours, partie de ce succès.

Il existe aussi quantité de petites pertes qui ont tendance à s'accumuler au fil des jours, des semaines, des mois ou de toute une vie. Ici, c'est un problème de voiture, là, une dispute avec un ami, et l'on se retrouve inexplicablement dépressif.

Chacune de ces pertes, immédiate ou cumulée, soudaine ou attendue, tangible ou pas, crée un traumatisme émotionnel et une blessure à l'intérieur de notre organisme.

COMMENT RESSENT-ON UNE PERTE?

En plus de la réelle sensation de douleur, de dépression et de tristesse, d'autres réactions consécutives à une perte peuvent survenir.

- Sentiments d'abandon, de frayeur, de vide, de désarroi, de pessimisme, d'irritabilité, de colère, de culpabilité, d'agitation.

- Sensation de perte de concentration, d'espoir, de motivation, d'énergie.

- Changement d'appétit, de mode de sommeil, instabilité dans les pulsions sexuelles.

- Tendance à se sentir plus fatigué, enclin à l'erreur et plus lent à parler et à réagir.

Vous pouvez vous attendre à l'une ou l'autre de ces variations pendant et après une perte; cela fait partie du processus de guérison de votre corps. Acceptez ces changements sans les combattre. Tout ira bien.

Si vous n'avez pas éprouvé de perte tangible récente et que vous éprouvez une grande partie de ces symptômes, tâchez de savoir si, dans votre passé récent, une perte moins tangible ne vous aurait pas affectés.

S'il en est ainsi, vous pourriez suivre quelques-unes des suggestions qui vous sont proposées dans ce livre, car votre corps et votre esprit ont déjà mis en branle le mécanisme de guérison.

LES DIFFÉRENTS STADES DE LA GUÉRISON

- La guérison d'une perte se décompose en trois phases distinctes et cependant indissociables.

- Ces trois phases sont :

    - le choc, le refus, la torpeur

    - la frayeur, la colère, la dépression

    - la compréhension, l'acceptation, la réaction

- Chacune d'elles est :

    - nécessaire

    - naturelle

    - partie intégrante de ce processus

La crainte de rentrer
un jour chez nous et
de te voir partie,
s'est muée en une douloureuse
réalité.

«Que ferais-je si cela arrivait?»
me demandais-je.

Que vais-je faire
maintenant que cela
est?

Le premier stade de la guérison, c'est le **choc**, le **refus**, l'**inertie**.

- Nous sommes incapables de comprendre ou d'appréhender ce qui nous arrive.

- Notre esprit refuse l'évidence.

- Les premiers mots que l'on prononce à l'annonce d'une perte sont : «Oh, non!» ou «C'est impossible!»

- Nous oublions qu'une perte est survenue, et chaque fois que nous y repensons, nous sommes comme assommés.(Cela arrive en particulier après une nuit de sommeil.)

- Pendant ce temps, le système immunitaire de notre organisme contre la douleur intense, le choc émotif et la torpeur entre en action.

le matin.
on se réveille et on se pelotonne.

l'après-midi.
un appel au téléphone, Californie m'appelle.

la soirée.
l'aéroport, un brutal adieu.

la nuit.
o dieu, o dieu, o dieu.

toujours en deuil.

Je sais qu'il était temps de
nous séparer,

mais aujourd'hui?

Je sais que j'ai de la peine
à surmonter,
mais ce soir

?

Au second stade de la guérison, on voit se manifester la **frayeur**, la **colère**, la **dépression**.

- La frayeur, la colère et la dépression sont les émotions et les réactions le plus souvent associées à une perte.

pluie.
il a
plu.
je suis
tombé.
il a
plu.
j'ai
aimé.
il a
plu.
j'ai
perdu.
il a
plu.
L'amour a
plu.
Je suis
pluie.
pleure la pluie.

Que faire
maintenant que tu es partie?

Et quand rien ne va plus,
ce qui arrive souvent,
je m'assieds dans un coin et
je pleure
jusqu'à m'engourdir
jusqu'à ne plus sentir.

Pour un moment,
figé, paralysé,
rien ne bouge au dedans,
rien ne bouge au dehors.

Puis, je pense
à combien tu me manques.

Puis, je ressens,
peur
solitude
douleur
désolation.

Enfin, je pleure
jusqu'à m'engourdir
jusqu'à ne plus sentir.

Intéressant loisir.

Et enfin, la **compréhension**, l'**acceptation**, la **réaction**.

- Nous avons survécu.
- Notre corps est bel et bien sur la voie de la guérison.
- Notre esprit accepte le fait que la vie sans ce à quoi nous tenions est encore possible.
- Nous entamons un nouveau chapitre de notre vie.

le soleil se lèvera
dans quelques minutes

D'aussi loin que je me
rappelle,
il l'a toujours fait
- régulièrement -

peut-être devrais-je
accrocher mes espoirs
à pareilles certitudes,
si importantes et
si souvent
ignorées,

Et non à un si banal
sujet, comme de savoir
si tu m'aimeras
ou pas.

Je dois vaincre ma solitude

seul.

Je dois être heureux avec moi-même,
ou je n'aurai
rien
à offrir.

Deux moitiés n'ont
d'autre choix
que de se
joindre
et c'est là
qu'elles
formeront
un tout.

Mais deux
tout
qui coïncident...

Là est la
beauté.

Là se trouve
l'amour.

- Nous passons donc à travers les trois stades de la guérison, peu importe ce que nous perdons.

- Une perte est une perte, quelle qu'en soit la cause. Quand quelque chose ou quelqu'un vous est enlevé, cela s'appelle une perte.

- La seule différence dans la guérison d'une perte par rapport à une autre réside dans l'*intensité* des sentiments et la *durée* du processus de guérison.

- Plus notre perte est grande :

  - plus nous ressentons intensément les différentes phases de la guérison.

  - plus il faut de temps pour passer d'une phase à une autre.

- Dans le cas de pertes mineures, ces trois stades peuvent seulement durer quelques minutes. Pour des pertes importantes, cela peut prendre des années.

- Le corps, l'esprit et le centre des émotions partagent un grand équilibre. Ils savent comment se guérir les uns les autres et le temps qui leur est nécessaire.

- Donnez-leur donc ce qui leur est nécessaire pour guérir.

- Ayez confiance en votre guérison.

SURVIVRE

Jeudi :

submergé d'amour

Vendredi :

submergé de doutes

Samedi :

submergé

Dimanche :

Seigneur, je ne peux me

traîner jusqu'à l'église, ce matin.

De grâce, fais-moi un signe.

UN :

Vous survivrez

- Vous irez mieux.
- Cela ne fait aucun doute.
- Le mécanisme de guérison a un commencement, un milieu, une fin.
- Au début, gardez bien à l'esprit qu'il y a une fin. Elle n'est pas si loin, vous allez guérir.
- La nature est de votre côté et c'est une alliée puissante.
- Dites-vous souvent : «Je suis en vie. Je survivrai.»
- Vous êtes réellement vivant.
- Vous survivrez vraiment.

Dans mon sommeil
je rêve
que tu m'appelles.
Tu dis
que tu reviens
près de ton vieil amant.
Tu dis
que m'appeler
serait
le mieux pour tout régler.
Mais le fait est
que nous ne pourrons
jamais plus
nous retrouver,
et je dois savoir pourquoi.
Je m'éveille
et je découvre
que je ne dors pas.
Ma vie s'est changée
en cauchemar.

DEUX :

Faites appel à l'aide nécessaire

- Si vous pensez avoir besoin d'aide, n'hésitez pas. Obtenez-en le plus tôt possible.
- Si vous vous sentez suicidaires - ou si vous sentez que vous *pourriez* le devenir - appelez le service d'aide *le plus tôt possible.*
- Pour avoir le numéro, servez-vous de l'assistance annuaire et demandez le service de prévention des suicides; il y en a un dans toutes les grandes villes. Et remarquez comme l'assistant téléphonique devient tout à coup aimable. (voir page 68)

  Demandez immédiatement de l'aide si :

  - vous vous sentez écartés
  - vous perdez le contrôle de vous-mêmes
  - vous allez faire quelque chose que vous pourriez regretter plus tard
  - Vous avez des antécédents de traumatismes émotionnels
  - Vous vous adonnez à l'alcool, la drogue ou tout produit créant une dépendance
  - Vous vous sentez isolés sans personne à qui vous confier

- Vous pouvez consulter les Pages Jaunes dans la rubrique «Aide».
- Ce n'est pas le moment de jouer les braves. En fait, il faut beaucoup de courage pour demander de l'aide.

En toi

j'ai trouvé

une maison.

Ton départ

a fait de moi

un sans-abri

après

un désastre

absolu.

J'ai appelé

la Croix Rouge

mais elle m'a

refusé

une infirmière.

TROIS :

Définissez votre perte

- Vous pouvez vivre un conflit intérieur en vous refusant d'admettre qu'une telle chose ait pu vous arriver.
- C'est arrivé vraiment.
- Admettez l'existence de cette perte.
- Vous pouvez vous demander si vous êtes assez forts pour la supporter.
- Vous l'êtes certainement.
- Vous êtes en vie.
- Vous allez survivre.

il n'y a rien
à faire.

Seulement accepter...

et souffrir.

QUATRE :

Vous n'êtes pas seuls

- La perte fait partie de la vie, tout comme être vivant et se comporter en humain.
- Chacun de nous vit un jour l'expérience d'une perte.
- Votre devoir est de traverser cette épreuve le plus posément et le plus courageusement possible.
- Quelquefois, la compagnie de personnes qui éprouvent aussi une souffrance peut vous aider.
- Vous disposez de la compagnie de presque six milliards d'individus sur cette seule planète.

Notre histoire d'amour
s'est écrasée par terre.

Et je me vois piégé
dans les débris
de ses ailes légères.

Les frères Wright
auraient loué
ce bel envol,
mais nous vivons
des temps de lunes
sur des vaisseaux d'espace.
Aussi, ce fut
pitoyablement bas
et cruellement fugace.

Les épilogues
nous ramènent
toujours sur la terre
nostalgique
de nos commencements.

CINQ :

Écoutez vos propres sentiments

- Il est normal que vous vous sentiez paralysés. Attendez-vous à être en état de choc pendant quelque temps. Cette inertie émotionnelle peut être angoissante.

- Il est normal que vous vous sentiez effrayés. «Pourrai-je m'y habituer?» «Serai-je un jour à nouveau amoureux?» «Me sentirai-je bien à nouveau un jour?». Telles sont les craintes que l'on ressent la plupart du temps après une perte. Si possible, dites-vous qu'elles ne sont que le fruit de votre imagination; n'y croyez pas.

- Il est aussi normal que vous ne ressentiez rien. Il existe des moments où vous n'éprouvez aucun sentiment. C'est très bien ainsi.

- Il est enfin normal de ressentir quelque chose. Vous pouvez ressentir de la douleur, de la colère, vous sentir brisés, exténués, confus, perdus, battus, indécis, soulagés, accablés, infériorisés, mélancoliques, étourdis, affolés, révulsés, envieux, suicidaires (la pensée, d'accord, mais pas l'acte), dégoûtés, heureux, outragés, enragés ou *n'importe quoi* d'autre.

- Tous ces sentiments font partie du mécanisme de guérison. Laissez-vous guérir.

- Laissez-vous aller à vos sentiments.

Printemps :
grandissent les feuilles
et croissent les amours.

Été :
meurt l'amour.
pleurent mes yeux
les eaux des beaux jours.

L'insecte s'écrase sur ma vitre.

Automne :
tombent les feuilles.
Je tombe.

Hiver :
je meurs.
Rien ne jaillit plus
de mes ruisseaux de pleurs.

La neige s'écrase sur ma vitre.

SIX :

Accompagnez votre peine

- Si vous souffrez, admettez-le.

- Ressentir de la douleur après une perte c'est :

    - normal

    - naturel

    - la preuve que vous êtes vivants

    - le signe que vous êtes aptes à réagir aux aléas de la vie

- En dépit de la frayeur que cela vous procure, accompagnez votre peine. Ressentez-la. Penchez-vous sur elle. Vous vous rendrez compte qu'elle a un terme.

- L'accompagnement de la douleur, l'expérience de la souffrance et de la tristesse prennent une part importante dans le mécanisme de guérison.

- Ne niez pas ces facteurs, ne les camouflez pas, ne les fuyez pas. Soyez avec eux. Acceptez votre souffrance.

- Considérez la douleur non pas comme une souffrance, mais comme une étape de votre guérison.

tu es venue
et fait de
ma maison
notre foyer

tu es partie
et notre foyer
est devenu
mon asile.

SEPT :

Vous êtes forts!

- Vous êtes un être bon, digne et accompli.

- Vous êtes quelqu'un de bien. Plus que cela encore, vous êtes fort.

- Vous pouvez avoir souffert dans votre amour-propre. Vos pensées peuvent refléter un sentiment de culpabilité, d'inquiétude, d'auto-châtiment ou de dépréciation de soi. En fait, elles ne sont que le reflet du stress que vous êtes en train de vivre.

- Il n'est nul besoin de faire de vos pensées négatives le centre de votre intérêt.

- Évitez de vous punir avec des «si seulement j'avais fait ceci ou je n'avais pas fait cela je ne me trouverais pas dans un tel état». Abandonnez toute réflexion commençant par «si seulement...»

- Vous représentez beaucoup plus que la blessure émotionnelle que vous éprouvez en ce moment. Ne perdez jamais ceci de vue.

- Derrière ce trouble apparent :

  - vous êtes bons

  - vous êtes des êtres accomplis

  - vous êtes beaux

uniquement parce que vous existez.

je suis la joie.

et je suis tout.

je puis tout faire sauf deux choses :

1. oublier que je t'aime.

2. oublier que tu ne m'aimes plus.

HUIT:

Donnez-vous le temps de guérir

- Le processus de guérison prend du temps.

- Plus la perte est grande, plus la guérison sera longue.

- En ces temps de consommation rapide et de remplacement quasi spontané, il est difficile d'admettre que certaines choses puissent prendre du temps.

- Vous avez besoin de temps pour guérir. Offrez-vous-en le luxe.

- Vous en valez la peine.

La douleur
est moins lourde
qu'un fardeau
en été.

De marcher
à travers
des récits de voyages
vous évite
bien des dommages.

Et
même si personne
ne me réchauffera,
le soleil le fera.

Mais
l'automne
a fait place à l'hiver,
me laissant
sans chaleur au dedans
face au froid du dehors.

Je n'ai pu que rester
sur le bord du trottoir
et transir.

NEUF :

Le processus de guérison a ses hauts et ses bas

- Le mécanisme de guérison et de croissance ne correspond pas à une progression linéaire constante.

- Il ressemble plutôt à un graphique en dents de scie, plein de hauts et de bas, de progressions et de régressions, de montées fulgurantes et de chutes vertigineuses.

- Prenez conscience de ce phénomène. Que vous vous sentiez mieux ou pire qu'hier ou cinq minutes auparavant, sachez que la guérison est en marche.

La vie devient
invivable.

Avec chacun que je rencontre,
je me demande si c'est un jour
choisi par le destin,
ou si le destin m'a choisi
pour passer ce jour.

Dans l'univers,
aimer
est la force
la plus créatrice.

Le souvenir
d'aimer
en est la force
la plus destructrice.

DIX :

Demain est un nouveau jour

- La vie est pleine d'expériences positives.
- Le bien fait son chemin.
- Il ne fait aucun doute que demain viendra.

D'abord
je dois
m'évader
de cet amour pour toi

Et puis
je dois me souvenir :

ne pas tomber
avant de reconnaître
leurs pâles
mensonges.

ONZE :

Respirez!

- Prenez une inspiration du plus profond de vous-mêmes.
- Respirer c'est guérir.
- Expirez complètement. Prenez une nouvelle et profonde inspiration.
- Inspirez de façon à gonfler votre abdomen, votre estomac et votre poitrine.
- Placez votre main sur votre cœur, votre estomac ou toute autre partie de votre corps qui vous cause du tourment. Inspirez par cet endroit et dites-vous :

  - «Sois en paix. Reste tranquille».
  - «Je suis en vie. Je survivrai».

Cette longue langueur
écourte
ma vie.

DOUZE :

Prenez du repos dès maintenant

- Reposez-vous.
- Dormez davantage.
- Obtenez de l'aide pour l'accomplissement de vos tâches quotidiennes.
- Organisez votre vie de façon à vous ménager le plus de repos possible. Prévoyez de vous coucher plus tôt et de vous lever plus tard.
- Soyez indulgents envers vous-mêmes. Ne soyez pas précipités. Votre corps a besoin d'énergie pour se reconstituer.
- Méditez.
- Reposez-vous de vos émotions. Ne vous impliquez dans rien d'important.
- Un travail productif est souvent une source de repos émotif.
- Réalisez-vous en vous ménageant.
- Le repos constitue la base de la santé.

(Il n'y a pas de poème
dans cette page
car le poète a décidé
d'aller faire
un petit somme.)

TREIZE :

Tenez-vous-en à votre programme

- Parfait! assez de repos. Au travail!
- Alterner travail et repos est un facteur de mieux-être.
- Reposez-vous autant que vous en avez besoin, mais ne tombez pas dans la léthargie. Restez actifs.
- Pendant que votre monde intérieur est chaotique, limitez-vous, au dehors, à un programme simple et éclairé. Cela contribuera à mettre de l'ordre dans votre esprit et constituera un centre d'intérêt.

Même si
mon humeur n'est
de vivre le jour,

je ne souffrirai pas
une autre nuit
comme celle-là.

Aussi,
très tôt demain,
je me réveillerai
et je travaillerai
toute la journée,

demain soir,
exténué,
je tomberai de sommeil,
trop harassé
même
pour faire des cauchemars.

QUATORZE :

Prenez des décisions faciles

- Attendez-vous à ce que votre jugement soit obscurci.
- Prenez des décisions faciles.
- Retardez, dans la mesure du possible, les décisions importantes.
- Déléguez, reléguez, reposez-vous.
- Trop de changements ont déjà pris place, c'est la raison pour laquelle vous souffrez. Évitez d'en apporter d'autres dans votre vie.

Projets :

Le mois prochain :
Trouver quelque chose de nouveau.

Ce mois-ci :
me guérir de toi.

Cette semaine :
que tu me reviennes.

Aujourd'hui :
survivre.

QUINZE :

Il est normal de faire des fautes

- Vous pouvez oublier vos clés, égarer votre portefeuille, briser un verre ou mal épeler votre nom - plusieurs fois de suite.

- Absences de mémoire, étourderies et maladresses sont choses courantes après une perte.

- C'est comme traverser une pièce pour aller chercher quelque chose et oublier quoi en cours de route - excepté qu'après une perte, c'est pire et plus fréquent.

- Tout va bien. Restez calmes, vous êtes en voie de guérison. Si vous tenez à réagir, optez pour la dérision plutôt que pour l'irritation.

il y a une erreur quelque part.

SEIZE :

Il est normal de progresser lentement

- Il se peut que vous exerciez vos activités dans une douce torpeur.
- Vos bras et vos jambes peuvent vous sembler lourds et vous pouvez avoir des difficultés à supporter le poids de votre propre corps. Même votre tête peut peser lourdement sur vos épaules.
- Vous pouvez avoir des difficultés d'articulation et votre langage peut s'en trouver ralenti.
- Vous pouvez vous sentir comme pris dans une espèce de transe.
- Tous ces symptômes peuvent vous sembler effrayants.
- Sachez, quoi qu'il en soit, qu'ils font partie du processus de guérison. Les fonctions externes du corps se trouvent ralenties afin de favoriser le mécanisme de guérison interne.
- Ne vous malmenez pas. Détendez-vous. Allez-y lentement pendant quelque temps.

Je me souviens
d'avoir une fois pensé
qu'il serait bon que tu me laisses,
car je pourrais ainsi
accomplir
quelques choses capitales.

Et depuis que tu es partie,
je n'ai rien fait de ce temps;
car rien n'est plus important
que toi.

DIX-SEPT :

Il est normal d'avoir besoin de réconfort

- Pendant quelque temps, il est normal que quelqu'un s'occupe de vous.

- Acceptez donc la compréhension et le soutien :

  - de vos amis

  - de votre famille

  - de vos collègues de travail

- Une blessure émotionnelle est tout ce qu'il y a de plus réel, réducteur et douloureux. Il est normal d'avoir besoin de réconfort.

- Certaines personnes ont un tel don du réconfort qu'elles en font leur profession. N'hésitez pas à rencontrer l'une d'elles; elle saura vous mettre à l'aise.

- Montrez-vous assez courageux pour accepter l'aide d'autrui.

Mes amis sont encore là :

négligés,
rejetés
alors que je te consacrais
mes instants
les plus précieux.

Mes amis sont encore là!

Que Dieu les bénisse.

DIX-HUIT :

Recherchez l'aide d'autrui

- Même si vous redoutez de le faire, recherchez l'aide d'autrui. C'est une démarche tout à fait humaine (et courageuse).

- Regroupez vos amis, votre famille et vos collègues de travail autour de vous pour vous soutenir. Vous avez besoin de savoir que les autres s'inquiètent de vous et si vous leur faites part de votre douleur, soyez sûrs qu'ils vous aideront.

- Le téléphone est un merveilleux outil pour obtenir de l'aide, n'hésitez pas à vous en servir.

- Invitez une de vos relations intimes à passer la nuit auprès de vous.

- Rendez visite à un membre de votre famille (de préférence pour un dîner).

- Les voisins peuvent également s'avérer une aide précieuse.

- Pensez que les étrangers sont en général des amis potentiels.

Aide-moi
mon ami.

Dépoussière-moi.

Réchauffe-moi.

Tu es mon réconfort.

Laisse-moi m'appuyer sur toi
jusqu'à ce que je tienne debout
tout seul.

Je ne m'en relèverai qu'un peu grandi,

et tu seras
fier
d'avoir un ami
tel que moi.

DIX-NEUF :

Le contact et l'étreinte

- Les pouvoirs curatifs du contact physique ne doivent pas être sous-estimés.

- Si quelqu'un vous demande : «Mais que puis-je faire?»; la seule chose que vous pouvez peut-être avoir envie de répondre est : «Prends ma main» ou «Serre-moi dans tes bras».

- Trois étreintes par jour vous feront survivre, cinq vous maintiendront en bonne condition, et huit (ou plus!) vous feront vous épanouir.

- Si personne n'est là pour vous prendre dans ses bras, étreignez-vous vous-mêmes. Allez-y, ça fait du bien.

- C'est le moment idéal pour vous transmettre un message de réconfort.

- Le contact le plus bénéfique est de vous caresser vous-mêmes. Si vous avez mal à quelque endroit de votre corps touchez-le et dites-lui : «Je suis ici pour toi et je t'aime.»

Un seul
toucher
vaut bien plus
que mille mots.

VINGT :

Recherchez des gens qui ont surmonté une perte similaire

- Le secours de gens qui *savent* ce que vous endurez est d'une valeur inestimable.

- Vos amis peuvent connaître quelqu'un qui a surmonté une perte similaire.

- Il existe plusieurs organismes spécialisés dans des pertes spécifiques. Consultez les Pages Jaunes sous la rubrique «Services sociaux» ou «Organisations Humanitaires».

- Les gens qui ont survécu à des pertes comme celles que vous vivez, peuvent vous guider et vous apporter un soutien. Ils sont également la preuve que, vous aussi, vous pouvez surmonter votre problème.

Tout le meilleur
de ma vie
s'en est allé.

D'abord toi,
et avec toi
la joie
l'amour
la liberté.

Puis
les couleurs
la musique
la nature.

Même la créativité
ordinairement
la dernière à partir,
n'est plus
qu'un faux-semblant.

VINGT ET UN :

Recherchez un guide éclairé

- La sagesse se définit par trois éléments : l'amour, la rigueur et la connaissance. Mettez-vous à la recherche de quelqu'un ayant ces qualités et acceptez ses conseils.

- Des personnes éclairées peuvent vous aider utilement à remplir vos tâches. Vous pouvez même avoir besoin de quelqu'un qui organisera votre journée à votre place.

- En général, vous pouvez trouver de telles personnes dans votre église, votre famille, au bureau ou dans des groupes d'entraide.

- Toutefois, méfiez-vous des personnes bien intentionnées dont les propos commenceraient par :

  - tu devrais
  - tu ferais mieux
  - il est temps que tu
  - je pense que tu dois

- Une telle approche, loin de représenter un soutien, ne fait qu'accentuer vos sentiments de culpabilité et d'insuffisance.

Excuse-moi

Je suis actuellement
affligé
des pires maux du monde :
engouement, fixation, paralysie,

se référant communément à
l'amour.

Les réserves de réconfort
que tu peux prodiguer
seront hautement appréciées,
même si mes aptitudes à les recevoir
se trouvent, pour l'heure, entamées.

Merci.

VINGT-DEUX :

Entourez-vous de choses vivantes

- Ne vous mettez pas à l'écart de la vie.

- En plus de votre famille et de vos amis, invitez d'autres choses vivantes à partager votre vie :

  - une nouvelle plante

  - un chaton abandonné

  - le chiot dont vous rêviez

  - un poisson rouge

  - même une simple coupe de fruits frais vous apportera de la joie et de la consolation (ce qui ne doit pas vous empêcher de la déguster).

Je pourrais faire une dépression nerveuse,
seulement,
j'en ai fait
trop souvent
pour me sentir
nerveux.

VINGT-TROIS :

Réaffirmez vos croyances

- Réaffirmez toutes les croyances dont vous êtes fermement convaincus et que vous avez mises à profit par le passé.

- Ceci inclut toutes les croyances religieuses, spirituelles, psychologiques et philosophiques que vous avez pu trouver attrayantes et appréciables.

- Servez-vous de n'importe quel moyen de connaissance pour trouver du réconfort, de l'inspiration et du soutien. Explorez à nouveau vos connaissances, appuyez-vous sur elles, croissez grâce à elles, profitez d'elles.

Que ton amour me manque
avec Dieu
si près de moi.

Cela ressemble à quelque
sacrilège…

mais je crois
qu'Il comprend.

VINGT-QUATRE :

Le dimanche est la pire journée

- Cela ne fait aucun doute.
- Les vacances sont aussi ce qu'il y a de pire.
- Les samedis soirs ne sont pas drôles non plus.
- Le sentiment de coupure peut être plus grand trois jours, trois semaines, trois mois, six mois et même un an après une perte.
- Organisez des activités susceptibles de vous apporter un maximum de réconfort durant cette période.

Hier c'était dimanche.
Les dimanches sont toujours laids.
(«Mortels» devrait-on dire.)

Mercredi c'est la pleine lune.
Les pleines lunes sont toujours laides.
(Demandez donc à Lon Chaney.)

Vendredi, c'est Vendredi Saint
et, à trente milles de Rome,
les vibrations de ces adorateurs en deuil
le rendront funeste.

Dimanche, c'est Pâques - mais c'est aussi
dimanche,
et les dimanches sont toujours laids.

VINGT-CINQ :

Le problème du suicide

- Vous pouvez avoir des pensées suicidaires.

- Aussi évidentes ou non que «être ou ne pas être», elles peuvent survenir.

- Sachez qu'elles sont un symptôme naturel de douleur et qu'il n'est nul besoin d'agir.

- Si vous craignez de perdre le contrôle de vos pulsions, voyez *immédiatement* un expert. Appelez l'assistance annuaire et demandez le numéro du service de prévention des suicides. Votre interlocuteur (généralement bénévole) sera là pour vous aider. Il veut vous aider. Laissez-lui-en la possibilité.

- Ne retournez pas votre rage contre vous-mêmes.(Cette rage est normale puisque un événement parfaitement insupportable vous est arrivé.) Trouvez un moyen pour l'évacuer sainement. Frappez votre oreiller, pleurez, criez, trépignez, hurlez.

- Avant tout, le suicide est une folie. C'est comme renoncer aux séries mondiales après dix minutes de jeu sous prétexte que votre frappeur favori a été retiré au bâton. C'est comme quitter l'opéra à l'ouverture parce que le chef d'orchestre a laissé tomber sa baguette. Dans ce jeu qu'est la vie, n'êtes-vous donc pas *un peu* curieux de savoir ce qui va se passer après?

- Vos sentiments se dissiperont. Vous pouvez en être sûrs. Vous irez *mieux. Beaucoup* mieux.

- Nous vous promettons un jardin de roses. Mais pas sans quelques épines.

LE PROBLÈME DU SUICIDE :

Considérez-le comme un problème
et non comme une solution.

GUÉRIR

J'avais oublié une chose :

après
la douleur de la séparation
vient
le bonheur de la guérison;

la redécouverte
de la vie,
des amis,
de soi.

De la joie.

VINGT-SIX :

Vivez votre affliction dès maintenant

- Ne retardez pas, ne niez pas, ne camouflez pas, ne fuyez pas votre peine. Soyez avec elle dès maintenant.

- Tout le reste peut attendre. Une blessure émotionnelle requiert les mêmes priorités qu'une blessure physique. Accordez-vous du temps pour dissiper votre chagrin.

- Plus tôt vous vous occuperez de votre peine, plus tôt vous en guérirez. La seule façon d'en sortir, c'est de lui faire face.

- Lorsque vous refusez votre chagrin, vous portez atteinte au processus naturel de guérison de votre corps.

- Si vous retardez le mécanisme de guérison, votre douleur peut revenir vous hanter des mois et même des années plus tard.

- Ressentir votre frayeur, votre peine, votre désolation, votre colère est essentiel à votre guérison.

- Vous êtes en vie. Vous survivrez.

La douleur est une chose sereine.
Dans un repos mortel.
Une horreur rageuse, un tonnerre d'insultes.

Rauque -
exigeante -
incompréhensible -
déchirant tout ce que l'on a aimé.

Sans espoir,
solitaire,
Porteuse d'effroi et d'incompréhension;
Saisissant le moment, ou délaissant les années
Revenant... pour détruire.

Pour rager,
Pour maudire tout ce qui est heureux -
ou satisfait,
ou confiant.

Pour menacer toute beauté vraie.

La douleur?
Une chose bien sereine.

Melba Colgrove.

VINGT-SEPT :

Des pertes antérieures peuvent ressurgir

- Vous pouvez avoir eu par le passé des pertes que vous n'avez pas surmontées : d'anciennes relations, des rejets, des déceptions, des douleurs et la toute première perte : votre enfance.

- Une perte actuelle peut réveiller de vieilles blessures.

- Vous pouvez ressentir que vous réagissez «déraisonnablement» par rapport à une perte. En fait, il se peut que vous guérissiez aussi d'une perte antérieure.

- Donnez-vous le loisir de tout réparer.

- Laissez-vous guérir.

Je me suis assis
pour penser à moi-même.

J'ai aussitôt décidé
de me coucher.

VINGT-HUIT :

Soyez indulgents avec vous-mêmes

- Soyez gentils avec vous-mêmes, attentionnés, indulgents et tendres.

- Acceptez le fait que vous éprouviez une douleur émotionnelle, que cela affecte vos capacités et qu'il faudra du temps avant que vous ne soyez parfaitement rétablis.

- Accordez-vous les mêmes soins et la même affection que vous apporteriez à un ami très cher dans la même situation.

- N'assumez pas de nouvelles responsabilités. Si c'est nécessaire, faites savoir à vos collègues de travail ou à votre employeur que vous souffrez d'une perte et que vous êtes en voie de guérison.

- Évitez les situations qui vous rendraient oppressés ou perturbés.

- Acceptez l'assistance et le soutien que l'on vous propose, mais souvenez-vous que les meilleurs soins doivent émaner de vous-mêmes et pour vous-mêmes.

- Et, pour l'amour du ciel (et le vôtre aussi) ne vous jetez pas de blâme pour une faute (réelle ou imaginaire) que vous pensez avoir commise et qui vous aurait entraînés dans la situation dans laquelle vous vous trouvez.

Perdre ton
amour
fut une meurtrissure.

Perdre ton
amitié
fut aussi une meurtrissure.

Mais je t'ai perdu.

Tes murs sont si hauts,
et ce sabre finement affûté
que je brandissais
en attaquant ta citadelle
n'est même pas assez effilé
pour m'entailler les poignets.

Ce n'est pas cela qui m'inquiète.

C'est juste que je ne suis
plus capable
d'aimer.

VINGT-NEUF :

Guérissez selon votre propre rythme

- Même si les autres le demandent, il n'est pas nécessaire de comprendre immédiatement les raisons de votre perte, ou de l'accepter de bonne grâce.
- Ils vous conseilleront de mépriser le fait, de l'oublier ou de l'escamoter d'un claquement de doigts.
- Si vous succombez à de telles influences et que vous ignoriez superficiellement votre perte avec des phrases telles que :

  - «C'est la vie»
  - «Oh, et après?»
  - «Ce n'est pas grave»
  - «Qu'importe?»

  votre acceptation apparente compromet votre guérison.
- Guérir est un processus. Vous devez pleinement vivre ce mécanisme selon *votre* nature pour acquérir *votre* compréhension et *votre* épanouissement en prenant le temps qui vous est nécessaire.
- Avec les amis trop exigeants, vous pouvez mettre en pratique ce proverbe : «Sois patient. Dieu (ou la nature) ne m'a pas encore tout à fait guéri.»
- Et soyez patients envers ceux qui ne le sont pas.

Cette saison est appelée
automne
parce que toute la joie
qu'apporte l'été
se change en discours
monotone.

Comme ton amour.

TRENTE :

Ne tentez pas de raviver une ancienne relation

- Les futiles tentatives de réconciliation sont :

  - douloureuses
  - contraires à la guérison
  - contraires à l'épanouissement
  - une perte considérable d'énergie
  - stupides
  - inutiles

- Résistez. Abandonner le dernier espoir est ce qu'il y a de plus difficile.

- Consacrez vos énergies à votre guérison et à votre épanouissement intérieur, pour vous faire de nouvelles relations et dans la vie en général.

- Apprendre à renoncer est une des grandes leçons de la vie.

La coquille que j'ai mise
autour de ma douleur
est bien mince.

Je marche légèrement
à travers la vie,
la renforçant
chaque jour un peu plus.

La moindre pensée vers toi
en fendille la surface.

Un seul appel de toi,
et tout est à refaire.

Et je passe cette nuit dans la mort.

Aux premiers rayons du soleil,
j'aurai encore reconstruit
la fragile coquille qui contient ma vie.

TRENTE ET UN :

Faites un pacte avec un ami

- Si le besoin de renouer avec «le» grand amour perdu se fait fortement sentir, faites un pacte avec un ami.

- Ne prenez pas d'engagement que vous seriez incapables de tenir du genre : «Je ne le (ou la) reverrai plus jamais de ma vie!»

- Une décision plus raisonnable serait de dire : Avant de le (ou la) voir à nouveau, je te contacterai et nous en débattrons ensemble.

- Quelquefois, le soutien d'une personne peut vous aider à surmonter ces périodes d'irrésistibles pulsions et vous éviter de faire certaines choses que vous regretteriez probablement plus tard.

Elle m'a demandé si de te voir
n'était que temps perdu.

Ce n'est pas du temps perdu.

C'est du temps gâché.

TRENTE-DEUX :

Les souvenirs

- Si vous disposez de photographies ou de souvenirs qui peuvent vous aider à passer le cap de votre douleur, servez-vous-en.

- Si vous retrouvez des souvenirs évoquant un passé que vous souhaitez oublier, débarrassez-vous-en, mettez-les dans un coffre, vendez-les, donnez-les ou jetez-les.

- Ne faites rien qui ne soit destiné à votre guérison - ou à vous-mêmes.

J'ai cérémonieusement écarté
tous les objets
rattachés à toi.
Je pensais qu'ils étaient
contaminés.
Cela n'a rien donné.

Je suis moi-même contaminé!

TRENTE-TROIS :

Prévoyez un dénouement positif

- Quel que soit l'objet de votre attention, ou même de votre fixation, il finit toujours par prendre une place importante.

- Focalisez vos pensées sur une vision positive d'un dénouement prochain. Attendez-le. Anticipez-le. Planifiez-le.

- C'est ce qui *arrivera.*

- Admettez votre tristesse, votre frayeur et votre douleur lorsqu'elles surviendront, mais ne vous y complaisez pas. Acceptez-les mais ne les suscitez pas (à moins que vous n'ayez préalablement décidé cette période de tristesse).

- La douleur est un visiteur occasionnel et non une compagne à demeure.

Comment cela surviendra-t-il?
Comment cela surviendra-t-il
quand je trouverai quelque
quelqu'un avec qui passer
une bonne part
de ma vie?

Car cela surviendra.
Je me suis pré-paré
depuis si longtemps...

Cela surviendra.
C'est sûr.

Tout ce que j'ignore
c'est seulement
qui, où, quand, comment.

TRENTE-QUATRE :

Attendez-vous à vous sentir effrayés

- La frayeur est le résultat naturel d'une perte et elle fait partie du mécanisme de guérison.

- Il y a tellement de raisons d'avoir peur quand on souffre d'une perte :

  - peur d'être seuls

  - peur d'être abandonnés ou rejetés

  - peur de ne plus jamais aimer

  - peur de la douleur, de la tristesse et des tourments qui peuvent s'ensuivre

- Loin d'être le sombre phénomène auquel nous étions habitués étant enfants, la peur est, en fait, une énergie supplémentaire qui nous permet d'affronter avec succès les défis que sont la guérison et l'épanouissement.

- Vous affronterez *avec succès* ces défis-là.

- En tant que source d'énergie, la peur vous permet d'affronter ces défis.

- Ne combattez pas la peur, servez-vous en. La peur est une amie et non une ennemie (pour plus de détails, voir page 184).

Quand la
lumière
de ton souvenir
s'efface
mes jours
s'obscurcissent.

Mes nuits s'éclairent
des néons de mes insomnies.
J'ai peur
du noir.
J'ai peur
que tu reviennes pour te fondre
à nouveau
et j'ai peur
que tu ne reviennes jamais.
J'ai peur
de mes prochaines pensées pour toi.
J'ai peur
que mes poèmes ne s'envolent
avant que ne s'envole ma peine.

TRENTE-CINQ :

Il est normal de vous sentir dépressifs

- Prétendre que vous vous sentez plus forts, plus enthousiastes ou plus heureux que vous ne l'êtes en réalité n'est pas bénéfique. Cet effort nécessite une énergie dont votre guérison se trouvera privée.

- Il est normal d'avoir le moral bas pendant quelque temps.

- Pleurer a des vertus spécifiques de purification, d'élimination, et de relaxation.

à tous ceux
qui ont souhaité
me voir
malade :

cette nuit
votre vœu
a été
exaucé.

TRENTE-SIX :

Il est normal de vous sentir furieux

- Tout le monde sans exception se sent furieux devant une perte.
- Il est normal de se sentir furieux envers :
  - la personne qui vous a quittés (même si c'est parce qu'elle est décédée)
  - la personne qui vous a lésés
  - les coutumes ou les conventions sociales qui ont contribué à cette perte
  - le destin
- Il n'est *pas* normal de :
  - vous haïr
  - réagir de façon destructive
- Laissez votre colère s'exprimer (sans conséquences graves, s'il vous plaît!) :
  - frappez dans un oreiller.
  - donnez un coup de pied à votre lit.
  - criez et pleurez (une voiture stationnée dans un endroit désert est un lieu parfait pour cela).
  - pratiquez un sport physique.
  - tapez dans un sac de sable.
  - jouez du piano fortissimo.
- Si votre colère est canalisée et expurgée grâce à ces moyens inoffensifs (et cependant efficaces), vous éviterez les disputes inutiles, les accidents et la maladie.
- Votre colère s'effacera en même temps que votre douleur.

J'en suis doucement arrivé
à devenir anormal.

Et ça commence à faire
du bruit dans ma tête.

Les voisins doivent penser
que je suis fou.

Pour la première fois,
les voisins ont vu juste.

TRENTE-SEPT :

Il est normal de vous sentir coupables

- Lorsque vous vous sentez coupables, vous êtes furieux contre vous-mêmes. Vous avez transgressé la règle selon laquelle vous «devez» penser, agir ou ressentir, et c'est ce qui explique votre colère envers vous-mêmes.

- Il est normal de vous sentir coupables; mais il y a, cependant, des limites à cela.

- Tout comme il est naturel d'être en colère contre quelqu'un sans pour cela user de violence, il est normal d'être furieux contre soi-même, sans pour autant tomber malade ou devenir inopérant.

- Avoir des regrets est une chose naturelle, mais un excès de reproches peut vous causer bien du tort.

- Le remède contre la culpabilité c'est le pardon.

- Vous pouvez vous faire bien plus de mal que ne l'aura fait votre perte.

- Évitez cela.

- Traitez-vous avec amour, respect, gentillesse et indulgence.

Comme
je t'aime
et comme
je te hais.

Comme je te suis destiné.
Comme je suis destiné à briser
cette destinée.

Comme je veux être libre!

Comme je veux pouvoir
me réjouir des jours,

et retrouver mes nuits.

TRENTE-HUIT :

Vous pouvez faire appel à des spécialistes

- Il existe de nombreux spécialistes destinés à vous guérir et à vous faire épanouir.
- Cela inclut les (alphabétiquement pour ne léser personne) :
  - chiropracteurs
  - conseillers en toxicomanie
  - conseillers en stress
  - conseillers matrimoniaux ou familiaux
  - conseillers spirituels
  - docteurs en médecine
  - homéopathes
  - hypnothérapeutes
  - infirmières massothérapeutes
  - moniteurs de gymnastique
  - nutritionnistes
  - psychiatres
  - psychologues
  - travailleurs sociaux
- Si vous vous sentez concernés par les soins d'un ou plusieurs de ces professionnels, faites-en l'essai. Observez les résultats. S'ils sont négatifs, essayez quelqu'un d'autre. S'ils sont positifs poursuivez vos consultations.

Tout ce dont j'ai besoin,
c'est quelqu'un
pour lui parler
de toi,
mais
tu es
la seule personne
avec qui je peux
vraiment parler.
Je suis piégé.

TRENTE-NEUF :

Si vous avez besoin de conseils ou d'une thérapie

- La plupart des pertes ou des crises émotionnelles ne nécessitent pas de psychothérapie.
- Au demeurant, l'aide de spécialistes peut s'avérer nécessaire ou utile si :
  - vous craignez de porter atteinte à quelqu'un ou à vous-mêmes - incluant des pensées suicidaires
  - vous cherchez consolation dans l'alcool, la drogue,l'excès de nourriture ou d'autres activités potentiellement néfastes
  - le soutien de votre entourage est insuffisant
  - vous vous trouvez souvent en situation de perte
  - vous vous sentez mal dans votre peau, vous perdez le contrôle de vous-mêmes et vous vous sentez tendus la plupart du temps
- Bien des gens passent plus de temps à choisir une voiture qu'un thérapeute. Comme pour tout «achat important», informez-vous.
- Interrogez différents thérapeutes. Posez des questions. Quelle est leur façon de procéder avec leurs clients? Combien coûtent les consultations? Quelle est la durée d'un traitement?
- Votre relation avec le thérapeute est de première importance. Vous sentez-vous à l'aise de lui parler votre vie? L'appréciez-vous? Avez-vous confiance en lui? Vous traite-t-il en égal? En feriez-vous un ou une amie?
- Auprès d'un bon thérapeute, vous devez ressentir une amélioration significative dès les premières séances.

Dès que
j'ai constaté
ma fragile nature,
j'ai abandonné toute drogue
illégale
et ne me suis jamais adonné
aux poisons légaux
comme l'alcool
le tabac
ou la télévision.

Mais, fou que je suis,
j'ai omis d'abandonner
la plus contraignante
de toutes,
La plus dure :
l'amour.

Il est maintenant trop tard.

Je suis esclave pour la vie.

Un sniffeur d'émotions.
Un junkie du contact.

Un intoxiqué d'amour.

QUARANTE :

Un traitement médical complet peut s'avérer nécessaire

- Vous pourriez avoir besoin de passer des examens médicaux complets (cardiaques, sanguins, etc.). C'est probablement quelque chose que vous auriez dû faire depuis longtemps.

- Il existe des maladies qui sont provoquées par une perte; et il y en a qui engendrent les mêmes symptômes qu'une perte, même si la cause en est purement physique.

- Il est grand temps, maintenant, que vous fassiez un examen complet pour vous assurer du bon fonctionnement de votre organisme.

- Votre praticien sera davantage en mesure de vous éclairer sur la valeur de ces suggestions aussi bien que sur les tests nécessaires.

- Si, à la suite de vos examens, vous craignez d'apprendre de mauvaises nouvelles, sachez que la connaissance est meilleure (et plus efficace) que l'ignorance et la crainte.

le romantisme est-il une maladie incurable?

QUARANTE ET UN :

Quelques types de dépressions peuvent requérir des médicaments

- Si vos symptômes dépressifs (voir page 9) vous semblent sérieux et durent plus longtemps que la normale, une heure passée auprès d'un psychiatre avisé, pour un bilan de votre situation et pour une décision concernant la prochaine étape de votre traitement -y compris la prescription de médicaments - peut être salutaire.

- Bien trop souvent, des gens souffrant de sérieux symptômes dépressifs redoute de suivre un traitement psychiatrique de crainte de se découvrir une «maladie mentale».

- Ceci est d'autant plus regrettable qu'un sérieux état de dépression chronique relève du domaine médical au même titre que le diabète ou l'hypertension.

- En fait une dépression mentale est le résultat d'un déséquilibre biochimique à l'intérieur du cerveau. Des anti-dépressifs,lorsque prescrits par un psychiatre, ne provoquent pas d'intoxication et sont réellement efficaces.

- Si vous vous demandez si vous avez ou non besoin d'anti-dépressifs, consultez un médecin compétent.

Combien de temps encore
les larmes seront-elles
mon seul réconfort?

Combien de temps encore
reverrai-je
tout ce potentiel bien mort,
et que notre amour
n'aura été qu'un rêve?

Combien de fois encore
abandonnerai-je?

Et combien de temps encore
t'en voudrai-je au point
que rien ne semble bon?

Combien de temps encore avec toi?
et combien de temps
avec combien
d'autres?

QUARANTE-DEUX :

La nutrition

- De donner à votre corps ce dont il a besoin tout en évitant ce qui lui est néfaste est une règle constante mais elle est particulièrement importante lorsque vous devez surmonter une perte.

- Buvez beaucoup d'eau - huit à dix verres par jour.

- Consommez plus de fruits et de légumes frais. Mangez-les crus ou légèrement étuvés.

- Des féculents complexes (grains entiers, pommes de terre, pâtes) sont d'excellentes sources de nutrition.

- Réduisez votre consommation de caféine, de nicotine, d'alcool et de cyclamates.

- Méfiez-vous des méfaits du «junk food» et des excès de sucreries!

- Prenez des produits riches en vitamines, en minéraux. Durant une perte, les vitamines B et C, le calcium et le potassium sont particulièrement recommandés.

- Procédez *graduellement* à vos changements diététiques. N'entreprenez pas immédiatement un régime maigre. Observez des étapes sans jamais perdre de vue votre état physique.

- Soyez à l'écoute de votre corps. Il exprimera toujours clairement ses besoins.

Le jardin aime la pluie
eh oui, c'est ça, l'amour.

Mais l'amour que je veux pour toi
- l'amour que je veux te donner -
est l'amour
de la pluie
pour
le jardin.

Aimer c'est libérer.

QUARANTE-TROIS :

Attention! Vous êtes vulnérables

- En ces jours de stress et de rétablissement, souvenez-vous que vous êtes vulnérables.
- Préservez votre santé physique :
  - Prenez du repos.
  - Ne faites pas d'efforts inutiles.
  - Nourrissez-vous convenablement.
  - Faites de l'exercice avec modération.
  - Conduisez plus prudemment qu'à l'accoutumée.
- Préservez votre santé mentale et émotionnelle :
  - Traitez-vous avec douceur.
  - Tenez-vous loin des produits toxiques, des situations et des personnes exigeantes.
  - Prenez votre temps.
  - N'essayez pas de savoir, d'appréhender ou de concevoir.
  - N'exécutez pas de tâches inhabituelles.
- Ne vous impliquez pas dans des situations délicates. Vos facultés de résistance sont faibles. Ne l'oubliez pas.
- Demandez de l'aide à des personnes en qui vous avez confiance et qui sont susceptibles de vous aider.
- Il n'est nullement nécessaire de vous surprotéger. Soyez juste conscients du fait que vous utilisez beaucoup d'énergie pour votre guérison et que les mécanismes naturels de défense qui se trouvent à l'intérieur du corps humain pourraient être affaiblis.

Il était une fois,
une très ancienne fois,
où j'étais, moi aussi,
innocent.

J'ignorais
ce qu'était l'amour.

Je ne connaissais de douleur
qu'en tombant d'un arbre.

QUARANTE-QUATRE :

Méfiez-vous des regains

- La nature a horreur du vide. Vous pouvez vous retrouver en train de créer prématurément de nouveaux liens sentimentaux dans le seul but de combler le vide qui est en vous.

- Si votre guérison n'est pas achevée, un regain suivi d'une autre perte est à craindre, puis un autre regain et une autre perte, jusqu'à ce que votre vie ressemble à un graphique en dents de scie.

- Tomber «follement amoureux» après une crise traumatisante semble, à priori, merveilleux. Vos rêves les plus fous deviennent réalité! Et puis c'est la déception. Vous découvrez que votre nouvel amour n'est pas la personne sensuelle, intelligente, compréhensive, sophistiquée, le dieu ou la déesse que vous pensiez avoir découvert. Seulement une personne pareille à n'importe quelle autre. Soupir.

- Si vous compter vraiment tomber amoureux de quelqu'un, pourquoi ne pas commencer par vous-mêmes?

C'est toujours
toi et toi et toi
mais c'est vraiment
moi.

J'essaierai encore
et revivrai encore
et mourrai encore
et poursuivrai mon chemin dans la nuit.

De renaître
d'un regard, d'un toucher.
Et pour toujours encore
cette fois on espère,
tout en sachant très bien
que ce n'est pas la dernière.

QUARANTE-CINQ :

Ne vous intoxiquez pas

- Prenez garde à toute chose dont vous êtes ou pourriez devenir dépendants. Ne vous laissez pas aller aux échappatoires que notre société peut offrir. *Soyez* avec votre douleur, ne la fuyez pas.

- L'alcool peut momentanément estomper votre peine; mais vous n'aurez pour résultats que de tomber probablement dans une dépression plus grande encore.

- Les drogues (marijuana, stimulants, calmants, tous les produits chimiques de détente) entravrent le processus de guérison et doivent être évités. Quelques instants d'euphorie sont un piètre remède à une dépression profonde.

- Avaleurs de calories, attention! Pendant votre dépression, vous aurez tendance à trop manger, ce qui contribuera à épaissir votre tour de taille et à vous donner une piètre image de vous-mêmes, avec pour résultat un abattement encore plus grand. Consultez plutôt un diététicien ou votre médecin.

- Et à quoi bon fumer davantage si c'est pour moins l'apprécier?

Je l'ai refait encore.

Aucun être n'a le don
de me faire du mal comme moi-même.

C'est un besoin.

Un besoin d'amour.

J'ai besoin d'amour
car je suis malheureux avec moi;
et moi ne me satisfait pas.

Pour faire cesser cette douleur,
je dois accéder au point de contentement de moi.

Mais cela demande quelques connaissances.

QUARANTE-SIX :

Dorlotez-vous

- Lorsque vous avez une jambe cassée et que vous êtes hospitalisés, vos amis vous apportent des fleurs, vos parents vous offrent des paniers de fruits, vous passez vos journées au lit à lire ou à regarder la télévision. Les infirmières vous bichonnent et les médecins vous encouragent chaleureusement.

- Bref, vous êtes dorlotés.

- Lorsque vous avez le cœur brisé, vos amis s'attendent à ce que vous leur gardiez votre vieille amitié intacte, vos parents espèrent que vous allez immanquablement remplir vos obligations familiales, et au travail, il faut vous montrer plus efficaces que jamais.

- En résumé, vous devez composer avec un monde qui n'accepte pas le fait qu'une peine émotionnelle est non seulement douloureuse mais aussi réductrice.

- La solution? Dorlotez-vous.

- En plus des suggestions qui suivent, faites pour vous-mêmes ce que vos parents faisaient pour vous réconforter quans vous étiez enfant.

- Suggestions pour vous dorloter :
  - Prenez un bain chaud (peu importe comment vous vous sentez; trente minutes après, vous vous sentirez beaucoup mieux).
  - Faites-vous ou faites-vous faire un massage (vigoureux ou sensuel).
  - Prenez des biscuits et un verre de lait chaud avant de vous coucher.
  - Offrez-vous quelque chose dont vous avez réellement envie.
  - Gâtez-vous de votre douceur favorite.
  - Faites-vous faire une manucure, une pédicure ou un quelconque soin esthétique.
  - Faites un voyage.
  - Faites-vous dorer au soleil.
  - Lisez un bon livre.
  - Regardez une bonne cassette vidéo.
  - Flânez.
  - Achetez-vous un vêtement en cachemire.
  - Offrez-vous un bon restaurant.
  - Allez voir un bon film, une pièce de théâtre, un opéra, une course de chevaux.
  - Visitez un musée.
  - Offrez-vous un bouquet de fleurs.
  - Laissez-vous aller à vos fantaisies.
  - Amusez-vous!

QUARANTE-SEPT :

Les rêves peuvent guérir

- La guérison est un mécanisme qui fonctionne à plein temps, même lorsque vous dormez. Certains disent : «*particulièrement* lorsque vous dormez.»

- À travers vos rêves, vous pouvez recevoir des messages, des informations, des signes ou des explications. Soyez réceptifs. Vous pouvez même prendre des notes au fur et à mesure que vous capterez ces messages.

- Les cauchemars peuvent être un moyen pour le corps d'éliminer des peines trop douloureuses pour être résolues consciemment. Sachez toutefois que la guérison est en cours. Une fois que vous aurez pris conscience que les images de vos cauchemars sont inoffensives, vous pourrez les considérer comme un film - un film d'horreur, peut-être - mais un film tout de même.

- Tout à fait consciemment, entourez-vous de bonté et de lumière avant d'aller vous coucher, convaincus que, pour votre plus grand bien, tout votre être en sera imprégné - peu importe ce dont vous rêverez.

la lune disparaît dans les nues

les gouttes de pluie meurent
en s'écrasant sur la chaussée.

les vannes vont bientôt céder.

un fantôme hurle
sur notre amour.

QUARANTE-HUIT :

Votre mode de sommeil peut changer

- Les changements de mode de sommeil - quant à la durée, au moment - sont courants durant la guérison.

- Si vous avez du mal à vous endormir, si vous vous réveillez fréquemment durant la nuit ou vous réveillez trop tôt, cela s'appelle avoir des *insomnies*.

- Avant tout, l'insomnie ne doit pas vous causer d'inquiétude. En fait, s'inquiéter de ne pas dormir est déjà une cause d'insomnie. Nous n'avons pas tous besoin de dormir huit heures par nuit; aussi, si vous dormez un peu moins pendant quelque temps, ce n'est pas bien grave.

- Vous pouvez prendre un verre de lait chaud et crémeux avant d'aller vous coucher, écouter de la musique douce ou une cassette de méditation transcendantale ou de pensées positives. Si vous essayez de vous endormir depuis une heure sans y parvenir, levez-vous et faites, pendant quelque temps, quelque chose d'autre. Cela vous évitera de vous tourmenter.

- Si vous vous réveillez durant la nuit, lisez ou écoutez quelque chose de réconfortant. Vous pouvez également vous adonner à la méditation, la contemplation ou la prière. Tard dans la nuit, quand tout est calme, silencieux, c'est merveilleux d'entrer en contact avec la bonté qui se trouve en vous et autour de vous.

- Un abus de somnifères est *fortement* déconseillé.

- Si votre insomnie est trop grave, consultez votre médecin.

- D'autre part, il peut arriver que vous dormiez «trop». Il n'y a rien de tel que de «trop» dormir après une perte. Dormez autant que vous le voulez; faites des siestes quand vous le désirez. Considérez ceci comme faisant partie de votre guérison.

Un jour
je définirai
le
cercle de mes douleurs
dans lequel je m'enferme
chaque fois que je suis
accroché à quelqu'un.

J'aurai beaucoup de temps
pour le faire.

Mes insomnies ne font que commencer.

De toi vient la douleur qui me fait languir de ma solitude.
Avec elle vient l'exil qui me fait languir de toi.

QUARANTE-NEUF :

Vos pulsions sexuelles peuvent changer

- Après une perte, on peut constater une diminution - ou une complète absence - de désir sexuel. Il n'y a aucune inquiétude à avoir. Le corps a besoin de beaucoup d'énergie pour guérir et il la canalise automatiquement expressément dans ce but.

- Ce qui est également courant après une perte, c'est la difficulté ou l'instabilité sexuelle. Malgré l'embarras et les frustrations que l'on peut ressentir, cela ne comporte rien de grave, non plus. Ce n'est pas le moment de vous créer des pressions supplémentaires. Il est normal que vous ayez un relâchement sexuel pendant quelque temps.

- Aussitôt que votre corps sera guéri, le désir et le plein fonctionnement sexuel reviendront.

Qui a dit que
«amour»
rimait avec
«toujours»?

CINQUANTE :

L'égarement n'est pas une preuve d'amour

- De vous sentir perdus pendant une longue période ne veut pas nécessairement dire que vous étiez «vraiment amoureux».
- Évidemment, vous avez aimé. Si cela n'était pas le cas, vous n'auriez pas ressenti de perte.
- Le fait que vous puissiez guérir rapidement est la preuve que vous concentrez vos énergies sur votre guérison et non que vous n'aimiez pas vraiment ou totalement.
- Vous n'êtes pas astreints à souffrir plus longtemps qu'il n'est nécessaire.
- La guérison est la manifestation de vos pouvoirs de récupération, et non la condamnation de votre inaptitude à aimer.

Tu me manques
beaucoup plus
que je ne t'ai jamais aimé.

CINQUANTE ET UN :

Entourez-vous de Bonté et de Lumière

- Chaque fois que vous y pensez, demandez à être entourés de toute la bonté et la lumière que vous puissiez imaginer.
- La bonté est une chose si évidente qu'elle est difficile à définir. Nous avons tous une idée de ce qui est bon, haut et grand. Nous pouvons penser à «bon», comme à cette «bonne vieille Terre» ou à «bon Dieu».
- La lumière est un concept dont semblent s'imprégner toutes les religions et pratiques religieuses. La Lumière de la nature à la lumière de l'Esprit Saint; la Lumière du soleil à la Lumière du Fils.
- Quel que soit le moment où vous faites appel à cette bonté et à cette lumière, c'est une bonne chose de demander qu'elles interviennnent pour votre plus grand bien ainsi que pour celui de toutes les personnes concernées. De cette manière, vos conceptions personnelles n'entrent pas en conflit avec tout le bien qui vous est destiné.
- Aspirez profondément cette bonté et cette lumière. Laissez-la entrer dans chaque cellule de votre corps. Laissez-la pénétrer toutes vos sphères (mentale, émotionnelle et physique) à la recherche de la guérison.
- Demander que la bonté et la lumière vous entourent, vous emplissent, vous protègent et vous guérissent, pour votre plus grand bien et celui des personnes concernées, ne prend pas longtemps - quelques secondes tout au plus (le temps qu'il vous a fallu pour lire cette phrase).
- Cela prend si peu de temps et la récompense potentielle en est si grande, que vous devez considérer que c'est un bon investissement pour votre guérison et votre épanouissement.

La vie
n'est pas
un combat.

C'est un
frémissement.

CINQUANTE-DEUX :

Priez, méditez, contemplez

- Quelles que soient les méthodes de prière, de méditation ou de contemplation que vous connaissez ou aimeriez mieux connaître, sachez que c'est le moment d'en faire usage.

- En retrouvant le calme, votre peine peut refaire surface. C'est très bien. Laissez-la faire et poursuivez votre travail intérieur. La douleur qui surgit durant la prière, la méditation ou la contemplation est curative par nature.

- Pendant la prière, nous suggérons de demander, en tout premier lieu, la force de supporter, le pouvoir de guérir et la sagesse d'apprendre.

Tu m'as manqué la nuit dernière.
Tu m'as manqué ce matin.
J'ai médité.
Tu ne me manques plus.
Je t'aime.

CINQUANTE-TROIS :

Tenez un journal

- Vous pourriez découvrir que de tenir un journal peut vous aider.

- Coucher vos pensées et vos sentiments sur le papier est une bonne façon d'évacuer certains tracas et de mettre vos idées en place.

- Ne prenez pas de résolution du genre : «J'écrirai chaque jour dans mon journal.» Écrivez lorsque vous vous sentez inspirés; sinon, abstenez-vous.

- Les différents auteurs de ce volume ont, à un moment ou à un autre, tenté de tenir un journal. À ce jour, un seulement - l'irréductible - a réussi à le faire plus d'un mois.

Je n'écris que
jusqu'aux larmes,
c'est pourquoi
peu de poèmes
le mois en cours
ont vu le jour.

Tout
comme
moi-même.

CINQUANTE-QUATRE :

Il y a de la beauté dans la tristesse

- Il y a une certaine beauté dans la tristesse (il s'agit de la tristesse authentique et non de l'apitoiement sur soi).

- Nous ne développerons pas davantage ce sujet (même notre ascète de poète n'ose le faire) mais nous avons pensé qu'il serait bon de le mentionner. Si vous *appréciez* la beauté de votre tristesse, tout est parfait.

Tu as laissé
des traces
de toi
à travers mon espace :

un poème gribouillé
dans la marge d'un livre,

une page cornée
au coin de mes lectures,

ton parfum oublié sur une couverture.

Où donc es-tu ce soir?

Dans quels espaces
laisses-tu donc des traces?

Peut-être
découvres-tu
l'empreinte de mon être
imprimée sur ton âme.

CINQUANTE-CINQ :

Donnez-vous le temps de guérir complètement

- Laissez le processus de guérison s'accomplir totalement.
- Un temps consacré à la convalescence est des plus importants.
- Pendant quelque temps, ne vous impliquez pas dans une passion dévorante ou un nouveau projet qui demande beaucoup de temps et d'énergie.
- Maintenez votre routine quotidienne - et laissez-vous guérir.
- Si vous ne vous laissez pas guérir complètement de votre mal, vous risquez de vous retrouver, en fin de compte, émotif et hypersensible. Vous pourriez vous dérober à votre première rencontre.
- Laissez-vous guérir.

Ce ne sera plus jamais pareil.
Je ne serai plus jamais pareil.

Tu es venue.
Nous nous sommes aimés
Tu es partie.

Je survivrai aussi longtemps que je survivrai.

Et un jour
je m'éveillerai
à nouveau vivant.

Et un nouveau jour,
un nouveau chemin
s'en iront, un moment
parallèles au mien.

Cependant un jour prochain
tu reviendras
et je verrai

que ton chemin
n'est plus le mien.

CINQUANTE-SIX :

Affirmez-vous

- Affirmer c'est consolider. Consolidez donc les pensées positives d'amour et de guérison que vous avez à propos de votre vie et de vous-mêmes.

- Une affirmation commence généralement par : «Je suis... » et se situe toujours dans le temps présent. Considérez vos revendications comme acquises. «Je suis en bonne santé, en bonne situation financière et heureux.» Et non pas «*Je voudrais* être en bonne santé, etc.».

- Dites à haute voix, encore et encore, les affirmations suivantes ou n'importe lesquelles que vous puissiez concevoir :

  - «Je suis vivant. Je survivrai.»
  - «Je suis en voie de guérison.»
  - «Je me laisse aller au processus de guérison.»
  - «Je guéris pleinement.»
  - «Je me traite avec douceur.»
  - «Mon cœur va mieux.»
  - «Je suis plus fort.»
  - «J'ai le courage de m'épanouir.»
  - «Je suis plein de gratitude pour tant de bienfaits.»
  - «Je reste patient durant ma guérison.»
  - «Ma patience me permettra de surmonter ma douleur.»

Je suis
la meilleure
chose que
je puisse faire
pour moi.

CINQUANTE-SEPT :

Visualisez votre avenir

- Visualiser c'est imaginer l'issue de quelque chose - ce que sera l'avenir.

- Nous visualisons tous - et souvent. Nous prenons en considération le futur et en avons une vision soit positive, soit négative. Nos problèmes surviennent lorsque nous visualisons de façon *négative* - que nous imaginons un avenir d'abandon, de solitude et de désarroi.

- Prenez le temps de visualiser une issue *positive*. Imaginez-vous guéri, en vie et heureux, prospère, aimant et aimé.

- Usez de tous vos sens. Voyez, sentez, écoutez, goûtez et humez votre avenir plein de joie et de prospérité.

- Commencez lentement - environ une minute au début. Puis, construisez - vision après vision, jour après jour - en imaginant votre avenir sur des périodes de plus en plus longues.

- Bientôt, votre présent deviendra le futur positif que vous imaginez en ce moment, ou même quelque chose d'encore plus beau pour votre plus grand bien et celui des personnes concernées.

Lorsque nous sommes
ensemble
nous ne faisons
qu'un,

lorsque nous sommes
séparés
chacun reste
entier.

Faisons-en notre rêve.
Faisons-en notre but.

CINQUANTE-HUIT :

Servez-vous de la couleur pour élever votre esprit

- Vous avez probablement remarqué que certaines couleurs produisent certains effets. Nous éprouvons un sentiment différent selon que nous entrons dans une pièce noire faiblement éclairée ou dans une jaune brillamment illuminée.

- Autant que possible restez dans un spectre de couleurs positives - jaune, orange, rouge, et toutes les teintes pastel.

- Entourez-vous également de vert - que ce soit dans votre tenue vestimentaire, votre nourriture, votre ameublement et vos plantes. Le vert est apaisant et semble favoriser la guérison et l'épanouissement.

- Tenez-vous à l'écart du noir et du bleu - vous en avez déjà eu largement votre part.

Guéris-moi
en couleurs.

CINQUANTE-NEUF :

Riez!

- Le rire est un des plus importants facteurs de guérison.
- Quelle qu'en soit la raison, riez.
- Louez un film vidéo, achetez une cassette humoristique, lisez un livre comique, parlez à des gens drôles. Demandez à vos amis de vous raconter des anecdotes désopilantes, des histoires amusantes et des plaisanteries qu'ils connaissent ou dont ils ont entendu parler.
- Et puis, riez donc aussi de votre perte.
- La ligne qui sépare la tragédie de la comédie est très mince. Vous favoriserez votre guérison en considérant votre perte, vos réactions, ainsi que vos souvenirs, sous un angle humoristique.
- En y mettant une touche d'humour, vous n'en serez pas pour autant déloyal envers ce que vous avez aimé.
- En fait, ce sera une façon de rendre hommage à votre ancienne relation.

Pourquoi dois-je
toujours tomber

d'émotions
en
élucubrations?

SOIXANTE :

Durant la guérison...

- Durant votre guérison vous vous rendrez compte que :

  - vos pensées sont plus claires
  - votre jugement est plus sain et plus rationnel
  - votre faculté de concentration et votre mémoire se sont améliorées
  - vous désirez être davantage auprès des autres
  - vous devenez plus expansifs, optimistes et vivants

- Vous en sortirez plus forts, plus heureux et plus indépendants.

- Vous aurez envie de sortir, de bouger et d'entreprendre de nouvelles choses.

Un nouveau matin
d'une nouvelle vie
sans toi.

Et après?

Il y en aura bien assez,
plus câlins,
et plus miens.

Jusque là,
je suis là.

Et de t'avoir aimé
je
m'aime davantage.

Le soleil se lève
derrière les nuages.

S'ÉPANOUIR

À
travers
toutes les larmes
et la tristesse
et la douleur
m'effleure
la pensée
d'un sourire
intérieur :

j'ai
aimé.

SOIXANTE ET UN :

Vous êtes plus forts, maintenant

- Vous avez donc éprouvé une perte, vous l'avez affrontée avec courage (tout au moins pendant un certain temps) et vous avez survécu.

- Vous avez appris que :

  - vous pouvez survivre.

  - la douleur diminue.

  - la plupart des choses qui vous effrayaient ne vous sont pas arrivées.

  - votre guérison est effective.

- Mais ne vous en tenez pas seulement à survivre et à guérir. Servez-vous de cette expérience comme d'un tremplin pour vous épanouir.

Le dernier jour
de mon amour
est au bout de mes doigts.

Dans ma main cette plume
rédigeant le poème
ultime
de mes amours
posthumes.

Ma peine s'estompe
et l'automne fait place

à un hiver de glace,
un amour dans sa tombe.

Tombe
la dernière feuille,

tombe
la première neige
en un triste linceul.

SOIXANTE-DEUX :

Renoncez à votre perte et progressez

- À un certain moment (ce moment varie en fonction des personnes et de la perte), il est temps de laisser sa perte derrière soi et d'aller de l'avant.

- Ne soyez pas surpris si votre douleur vous manque. Certaines personnes sont attristées de ne plus être tristes.

- Laissez le passé derrière. Regardez devant vous, en direction du futur.

- Bien sûr, vous serez occasionnellement tentés de jeter un coup d'œil par-dessus votre épaule; mais la plupart du temps, concentrez-vous sur le futur et continuez de progresser.

- Laissez-vous enthousiasmer par les surprises que vous réserve l'avenir.

T'aimer me manquera.

Me manquera
le confort
de tes étreintes.

Me manquera
aussi la solitude
de l'attente
latente
de mes incertitudes.

Me manquera le hasard
de ta venue
et la disconvenue
de ton départ.

Enfin,
après des mois,
me manquera

le manque de toi.

SOIXANTE-TROIS :

Pardonner c'est renoncer

- Pardonner ne signifie pas seulement excuser, mais aussi renoncer.

- Jésus, qui nous enseigna le pardon (Pardonnez-leur, mon Père, ils ne savent pas ce qu'ils font), utilisait le vocable araméen *shaw* quand il parlait de pardon. *Shaw* signifiant «libérer, délier, renoncer à enchaîner».

- Si vous êtes attachés à un rocher qui vous entraîne au fond de l'eau, tout ce que vous avez à faire c'est lui pardonner (vous délier) et nager vers la lumière.

- Lorsque vous pardonnez à votre passé, vous vous détachez de lui et vous êtes ainsi libérés.

- Pardonner veut aussi dire être par (pour, en faveur de) le don. Quand vous pardonnez, vous affirmez que vous êtes prêts à donner.

- À qui donner? Aux autres? Quelquefois. À vous-mêmes? toujours. Quand vous libérez quelqu'un et lui permettez de poursuivre son chemin, cette action produit les mêmes effets sur vous.

- Le processus de vous faire à vous-mêmes ce don de liberté s'appelle le pardon.

L'oubli
est difficile.

Le souvenir,
bien pire.

SOIXANTE-QUATRE :

Pardonnez aux autres

- Chaque fois que vous le pouvez, le plus tôt possible, pardonnez.
- Vous le faites beaucoup moins pour les autres que pour vous-mêmes - pour votre quiétude d'esprit et la qualité de vos rapports.
- Une technique de pardon très simple, et cependant remarquablement efficace a été enseignée par John-Roger. (Il est bon de s'entourer de bonté et de lumière avant d'appliquer cette technique.)
- Dites d'abord : «Je pardonne à ___________ (la personne, l'événement ou même la chose qui a causé la perte que vous avez subie) pour avoir ____________ (l'action qui fut responsable de votre perte).»

  Ceci représente la première étape du pardon.
- Dites ensuite : «Je me pardonne à moi-même d'avoir jugé _______ (même personne, événement ou objet) pour avoir___ (même faute).»
- La seconde étape du pardon - pour avoir porté un jugement sur autrui - est importante mais souvent mal considérée. Votre *jugement* de l'autre est responsable de la douleur émotionnelle que vous avez ressentie. Quand vous pardonnez telle ou telle action, vous devez également pardonner le *jugement* que vous avez porté sur telle ou telle action.
- Il peut s'avérer nécessaire de répéter plusieurs fois les phrases ci-dessus pour vous libérer des erreurs des autres et de vos propres jugements - mais faites-le; car vous pouvez être libres et vous le serez.

L'amour
que je te porte
est de seconde main.

C'est moi qui l'ai ressenti le premier.

SOIXANTE-CINQ :

Pardonnez-vous à vous-mêmes

- Chaque fois et aussitôt que vous le pouvez, pardonnez-vous à vous-mêmes.

- Quelles que soient les erreurs, les transgressions, les fautes, les maladresses, les infractions ou les erreurs - réelles ou imaginaires - que vous pensez avoir commises et qui furent la cause de la perte, pardonnez-vous.

- Le processus est le même que pour le pardon à autrui. Entourez-vous de bonté et de lumière et dites : «Je me pardonne pour ___________ (la faute).» Et ajoutez : «Je me pardonne pour avoir porté un jugement sur ___________ (la même faute).»

- À nouveau, la partie la plus efficace du processus, c'est de vous pardonner à vous-mêmes pour vous être jugés pour quoi que vous ayez fait ou pas. Qui (excepté les parents, les professeurs, la société ou à peu près tout le monde) peut exiger de vous la perfection?

- Comme l'observait John-Roger : «Nous ne sommes pas parfaits. Nous sommes des êtres humains.»

- Pardonnez-vous d'être des humains, pardonnez-vous de juger vos semblables et poursuivez votre route.

Au moment critique j'ai dit :

Je préfère que tu partes
et regretter ta perte
que de te voir rester
et déplorer
ta présence.

Il va falloir, un jour,
que j'apprenne à me
taire.

SOIXANTE-SIX:

Servez-vous de ce qui est bon pour vous

- Maintenant que votre douleur régresse, la compréhension peut prendre place.

- Vous pouvez commencer à considérer la séparation et le changement comme étant un élément naturel, inévitable et nécessaire de votre vie.

- Votre relation vous a apporté une grande part de bienfaits (c'est la raison pour laquelle elle vous a si cruellement manqué). Ces bienfaits sont encore en vous. Mais il est temps de puiser dans tout ce que vous avez appris à aimer :

  - Il vous a appris à aimer la bonne cuisine.

  - Elle a su éveiller votre intérêt pour le ski.

  - Ce travail vous a beaucoup appris sur les ordinateurs.

- Pour avoir aimé, vous êtes des personnes meilleures.

En passant au tamis
les cendres de nos jours,

je découvre des choses
et je t'en remercie.

Je peux dire «merci»
pour les aurores tièdes
et pour les boissons froides,
et l'amour que tu cèdes
à tout autre que moi.

Je peux dire «merci»
pour avoir été là
et pour tout partager.

Je peux dire «merci»
pour les nombreux poèmes
dont tu fus l'égérie
et les grands changements
dont tu fus l'origine.

Mais comment saisir les mots
dans ma langue si vaine.
Comment pouvoir te dire

merci pour Beethoven?

SOIXANTE-SEPT :

Vous êtes meilleurs, vous avez aimé

- Vous avez pris soin de quelqu'un.
- Vous vous êtes impliqués.
- Vous avez appris à donner de vous-mêmes.
- Vos interactions vous ont permis de vous aimer et de vous occuper l'un de l'autre.
- Malgré votre perte, vous êtes meilleur car vous avez aimé.

Tu étais le meilleur
et le pire des amours...

Tu laissas par ailleurs
des dons parés d'atours :

Par toi je pus considérer
mon désir, mon besoin
d'à nouveau partager.

Tu suscitas quand même
une vraiment fortuite
réévaluation de moi-même,
de ma ligne de conduite,
de mes relations,
un changement d'attitude,
une nouvelle altitude.

Je suis aimable avec autrui.

Je suis en ligne directe avec mes amours,
et les gens et les choses et les lieux qui m'entourent,
je suis heureux avec la vie.

Et, bien sûr, une foule de poèmes
les meilleurs et les pires
que je n 'aurais pu dire
sans t'avoir dit je t'aime.

Merci.

SOIXANTE-HUIT :

Félicitez-vous d'avoir eu le courage de vous confier

- Même si elle s'est traduite par une perte, votre relation vous a enrichis, elle vous a permis d'acquérir un jugement plus profond et plus éclairé.

- Félicitez-vous d'avoir eu le courage de vous confier.

- «Courage» vient de «cœur». Et il en faut beaucoup pour aimer et accepter sa propre vulnérabilité. Rendez hommage à votre grand cœur.

- Oserions-nous nier le fait qu'il est de loin préférable d'avoir aimé et perdu que de ne pas avoir aimé du tout? Certainement pas.

- Il est maintenant temps de voir les enseignements que vous avez tirés de votre perte et ce qu'une perte peut comporter de bon en elle-même.

L'amour,
peu importe
sur quoi il porte,
reste l'amour.

L'objet de notre dévotion
ne change rien à nos émotions.

Toutefois l'émotion
peut transformer les situations.

SOIXANTE-NEUF :

Les changements

- Un nouveau chapitre de votre vie vient de commencer, et, pour le moment, il est bien méconnu.
- Sachez que vous avez la capacité d'effectuer les changements que requiert ce chapitre.
- Préparez-vous à effectuer deux ou trois transformations dans votre mode de vie.
- Il est grand temps, maintenant, d'entreprendre de nouvelles activités, de changer de ligne de conduite et de trouver de nouvelles façons de remplir vos journées et de combler des besoins imprévus.
- Cela demande un certain courage, mais c'est exaltant.
- Vous pourriez même en retirer beaucoup de plaisir!

Le besoin de toi
demeure entier.

Mais tu sembles être
de moins en moins
le remède à ce besoin.

Car c'est moi qui le suis.

SOIXANTE-DIX :

Partez à neuf

- Soyez ouverts.

- Soyez ouverts aux gens, aux lieux, aux idées, aux expériences nouvelles.

- Il est grand temps que vous évacuiez la notion : «Je ne serai plus jamais amoureux, car cela n'apporte que des déceptions.»

- Faites de votre mieux pour :

    - Rester confiants.

    - Garder une curiosité vivace.

    - Rester ouverts à la connaissance.

- Visitez de nouveaux endroits.

- Il est grand temps de :

    - Redécorer votre appartement (ou au moins le rafraîchir).

    - Acheter de nouveaux vêtements.

    - Apprendre ce dont vous rêviez depuis longtemps, que ce soit la politique ou la poterie.

- Définissez et poursuivez de nouveaux buts.

La différence entre
l'amour et aimer

est la même qu'entre
la mer et pêcher.

SOIXANTE ET ONZE :

Faites de nouvelles connaissances

- À présent, il faut que vous ayez de nouveaux amis, associés ou collègues de travail.
- Assistez à des réunions, des concerts, des spectacles, des événements sociaux, ainsi que tout rassemblement de gens semblables à vous. (C'est très bien d'y aller tout seuls.)
- Faites la connaissance de vos voisins.
- Ayez le courage de vous présenter vous-mêmes à quelqu'un - même si cette personne vous est totalement étrangère.
- Lorsque vous avez de nouveaux contacts, posez des questions qui demande plus qu'un «oui» ou qu'un «non» comme réponse.
- Utilisez des «comment» et des «pourquoi» dans vos questions, plutôt que des «qui» et des «quoi».
- Proposez aux gens de les raccompagner chez eux, ou invitez-les à prendre une tasse de café.
- Ayez toujours sur vous de quoi écrire, afin d'échanger votre numéro de téléphone. Vous pouvez même vous faire imprimer des cartes de visite. (Allez donc savoir ce qu'on en fera!)

Je ne suis pas
totalement
étranger.

Je suis
parfaitement
étranger.

SOIXANTE-DOUZE :

Développez de nouveaux centres d'intérêt...

- Il faut aussi que vous développiez de nouveaux centres d'intérêt.

- Le tir à l'arc vous a toujours fascinés? Que pensez-vous du water-polo? Et de Marco Polo? Explorez ce qui vous intéresse, là où cela vous intéresse. En personne ou par le biais de la télévision.

- N'est-ce pas le moment de vous offrir ce fameux ordinateur?

- Apprendre une nouvelle langue? Réapprendre une ancienne? Que diriez-vous d'un cours de comptabilité? ou sur l'apiculture?

- Le jardinage? La couture? Les conserves? La mécanique? Le tissage? La gastronomie? Le travail des métaux?

- Lisez un livre. Suivez un cours. Apprenez, mais avant tout *faites* quelque chose.

SOIXANTE-TREIZE :

Mais n'oubliez pas les anciens

- Ne négligez les anciens centres d'intérêt et les activités que vous aviez abandonnées depuis quelque temps.

- Redécouvrez ceux qui vous ont donné un sentiment de plénitude, d'exaltation, de joie.

- En choisissant de nouvelles activités ou en reprenant les anciennes, assurez-vous d'alterner celles qui se pratiquent seul avec celles qui se font en compagnie d'autres personnes.

SOIXANTE-QUATORZE :

Les groupes

- Peut-être vous sentez-vous trop timides pour entreprendre de nouvelles relations par vous-mêmes. Si c'est le cas, les groupes peuvent vous apporter la solution.
- Il existe des centaines de groupements auxquels vous pouvez adhérer. Consultez les Pages Jaunes sous la rubrique «Clubs», «Associations», «Confréries», etc. Vous pouvez adhérer à un groupement pour apprendre quelque chose, pour voyager, pour rencontrer des gens, pour fêter des intérêts communs. En fait, il existe des tas de possibilités.
- Les groupes sous patronage religieux sont aussi disponibles.
- Il existe plusieurs groupes spécialement conçus pour les nouveaux célibataires :
  - les parents célibataires
  - les célibataires
  - les clubs des cœurs solitaires
  - les club des plus de trente ans
- Certains clubs sont particulièrement voués à développer les facultés d'élocution et peuvent vous aider à communiquer avec les autres.
- Les programmes d'éducation des adultes vous permettent, non seulement d'acquérir de nouvelles connaissances, mais aussi de faire de nouvelles rencontres dans un cadre agréable.

Un jour, nous serons amants.
Peut-être époux.
Tout au moins amis.

Comment t'appelles-tu?

SOIXANTE-QUINZE :

Quelques bonnes résolutions

- S'il y a quelques bonnes résolutions que vous désiriez prendre depuis longtemps, vous pouvez dès à présent les mettre en pratique, mais en vous limitant à une seule à la fois :

  - Commencer un régime alimentaire.
  - Cesser de fumer.
  - Cesser de boire.
  - Commencer à faire de l'exercice.

- Recherchez, si nécessaire, l'aide de professionnels ou joignez-vous à un groupe reconnu (comme les A.A. ou les *Weight Watchers*). Traitez-vous avec douceur, entreprenez des choses réalisables et allez au bout de vos décisions.

- Pendant ce temps, restez toujours positifs. Soyez toujours :

  - tolérants
  - confiants et fiables
  - serviables
  - généreux
  - soucieux d'autrui
  - aimants
  - fidèles à vous-mêmes

La maturité
est une chose
magique.

Aussitôt vue,
aussitôt disparue.

SOIXANTE-SEIZE :

Le pouvoir de vos paroles

- Vous ne devez jamais dire : «Je dois.»
- N'utilisez jamais : «Jamais.»
- Nous souhaiterions que vous n'usiez jamais de : «Je souhaite.»
- Nous espérons que vous ne disiez plus jamais : «J'espère.»
- Peut-être serait-il préférable que vous renonciez à : «Peut-être.»
- Il ne faut pas dire : «Il faut.»
- Les choses sont rarement tout à fait blanches ou tout à fait noires. Nous vivons dans un monde de «souvent», de «quelquefois» et de «rarement». En utilisant ces mots, vous laissez à votre entourage plus de liberté - plus de liberté d'être eux-mêmes, de se comporter en êtres humains tout simplement.
- Et ce faisant, soyez sûrs de vous donner également plus de liberté à vous-mêmes.

J'ai beaucoup entendu parler
des dangers de vivre
au-delà de ses moyens.

Quoi qu'il en soit, ce qui m'inquiète
c'est ma fâcheuse manie de vivre
au-delà de ce que veux dire.

SOIXANTE-DIX-SEPT :

Pensez ceci ET cela plutôt que ceci OU cela

- Votre relation avec la personne ou la chose que vous avez aimée avait à la fois du bon et du mauvais. Ainsi va la vie.

- La vie n'est pas *soit* bonne *soit* mauvaise. Elle est les deux à la fois.

- La vie ne se vit pas en prenant une position extrême dans une lutte à finir avec ce qui s'oppose à vous. La vie est l'équilibre entre ces extrêmes.

- Après une perte, les gens ont tendance à s'enfermer dans la partie obscure de la vie et à attendre le moment où tout sera à nouveau «parfait».

- La vie n'a jamais été exemplaire, car elle comporte toujours une part d'imperfection. Il en a toujours été et en sera toujours ainsi.

- Soyez les bienvenus à la vie.

La parfaite joie
et la peine parfaite.

L'un suit l'autre
et l'autre suit l'un.

Les pôles, les extrêmes
d'une vie d'amoureux
et tous les poèmes
qui se trouvent au milieu.

L'un suit l'autre
et l'autre suit l'un.

Tantôt en bas, tantôt en haut,
tel un esquif voguant sur l'eau.

SOIXANTE-DIX-HUIT :

La liberté de choix

- Jouissez de votre liberté.
- Vous avez maintenant le contrôle de vous-mêmes.
- Usez le plus possible de votre habilité à choisir :
    - quoi
    - quand
    - comment
    - où
    - qui
    - pourquoi
- Vous pouvez prendre (et bien prendre) les décisions nécessaires pour :
    - classer
    - nettoyer
    - réaménager
    - écarter
    - acquérir
- Vous mettez à nouveau de l'ordre dans votre vie, tout en choisissant le genre de vie que vous souhaitez avoir.

Je ne veux pas
construire
ma vie
autour de toi.

Mais je veux
de toi
dans la construction
de ma vie.

SOIXANTE-DIX-NEUF :

Il est normal de demander

- Recherchez le soutien des autres pour atteindre votre but.
- Cependant, ne restez pas tributaires de leur approbation ou de leur aide pour aller de l'avant.
- S'ils ne veulent pas aller en Floride avec vous, allez-y seuls.

Quel risque que d'aimer!

Que se passera-t-il
si ça ne marche pas?

Mais si ça marche?

QUATRE-VINGTS :

Il est normal que les autres vous disent non

- Le refus n'est pas quelque chose qui vous est particulièrement adressée.

- Quand quelqu'un vous dit «non», il est en train de dire «oui» à quelque chose qui le concerne personnellement, et vous n'y pouvez rien. Il faut donc n'y voir aucune offense personnelle.

- Quand vous aurez appris à permettre aux autres de vous dire «non» sans vous sentir blessés, vous en retirerez deux satisfactions : la première, c'est que vous ne souffrirez pas dans votre amour-propre; la deuxième, c'est que vous aurez tendance à demander plus souvent aux autres, car vous ne serez plus effrayés d'essuyer un refus.

- Plus vous demanderez, et plus vous aurez de chances d'obtenir ce que vous souhaitez.

- Au base-ball, les meilleurs frappeurs ne frappent que trois fois sur dix.

- Si un tiers des personnes questionnées vous disent oui, c'est parfait. Même si on ne vous dit oui qu'une fois sur cent, c'est bien mieux que ce que vous auriez obtenu si vous n'aviez rien demandé.

J'ignore
comment perdre.

C'est une partie
de mon problème.

J'ignore
comment gagner.

C'est l'autre partie
du problème.

QUATRE-VINGT-UN :

Il est normal que les autres vous disent oui

- Certaines personnes craignent davantage l'acceptation des autres que leur refus.

- Cela arrive la plupart du temps lorsqu'on est livré à soi-même. Quand on ne se sent pas utile, on a des pensées du genre : «Tu t'en es sorti sans moi? Tu as eu une très bonne idée.» Ou bien on se pose des questions comme : «Qu'est-ce qui leur prend de faire ainsi appel à moi?»

- Le grand secret de l'estime de soi, c'est de faire des choses utiles *et de s'en souvenir.*

- Apprenez à accepter que l'on vous accepte.

- Quand les gens vous disent : «Tu as très belle allure», «C'était très bien», «J'ai apprécié ton aide» ou encore : «Tu m'as fait beaucoup de bien», acceptez leur hommage.

Aide-moi.

Montre-moi
que je peux aimer
sans
crainte, frustration,
fausseté, hésitation.

Montre-moi
le visage
de Dieu.

QUATRE-VINGT-DEUX :

La peur peut être une alliée

- Quand nous définissons un sentiment comme étant de la peur, nous avons tendance à éviter l'action qui fut la cause de cette frayeur (en général, tout ce qui est nouveau).

- Si nous le définissons comme une exaltation ou une aventure, nous avons la force d'aller de l'avant avec une énergie et un enthousiasme renouvelés.

- La peur engendre l'énergie qui vous permet de faire de votre mieux dans une situation donnée.

- Il n'est pas nécessaire de se débarrasser de cette frayeur. Nous devons seulement reconsidérer notre *attitude* face à ce sentiment. Si nous le traitons amicalement, il fera un excellent compagnon dans notre exploration de l'inconnu.

Le monde est bon.

Je suis comblé et dans la voie.

Partage ma joie.

Mais je ne peux
sourire
et demeurer
solitaire.

QUATRE-VINGT-TROIS :

L'action est un remède à l'anxiété

- Êtes-vous inquiets à propos de quelque chose?
- Faites *quelque chose.*
- Entreprenez *une action physique* pour corriger, résoudre, communiquer ou vous habituer à ce qui vous inquiète.
- Cette action peut être aussi simple qu'un appel téléphonique, une lettre, une promenade ou la lecture d'un livre.
- Vous pourriez découvrir qu'il n'y a pas de quoi s'inquiéter. Si vous vous rendez compte qu'il y a de quoi, usez de votre inquiétude comme d'un moyen de vous fortifier.

Toi et moi,
nous sommes
si bons amis.

En restant
avec toi
durant un
court instant.

Il n'est plus
question
de tristesse.

QUATRE-VINGT-QUATRE :

Ne remettez pas à plus tard ce que vous pouvez faire le jour même

- Nous allons rédiger ce chapitre très bientôt.
- Honnêtement.
- C'est promis.
- La main sur le cœur.
- Demain.
- Jeudi, *au plus tard.*

J'ai écrit
ce grand poème
sur les choses en retard

Je te l'enverrai
très bientôt.

Aussitôt
que je l'aurai
écrit.

QUATRE-VINGT-CINQ :

Le passé

- Souvenez-vous que le processus de guérison se poursuit, même pendant que vous vous épanouissez.

- Des souvenirs peuvent refaire surface un dimanche matin, alors que vous entendez à la radio ce qui était «votre chanson».

- Attendez-vous à ce genre de chose, tout en sachant bien que cela ne veut pas dire pour autant que vous allez replonger dans une dépression. Cela fait simplement partie des fluctuations de votre guérison et de votre épanouissement.

- N'allez pas à l'encontre de vos sentiments, et sachez qu'ils vont disparaître.

Je sais
que notre temps
est révolu.

Alors pourquoi
me reviennent
les mots
qui me rappellent
toi?

Pourquoi imaginé-je
des temps
à vivre auprès
de toi?

Pourquoi me torturé-je
de cet amour
que j'ignorai
quand tu fus
près de moi?

QUATRE-VINGT-SIX :

Les anniversaires

- Vous pouvez revivre tant soit peu votre perte à l'occasion d'anniversaires ou d'autres événements significatifs.

- Sachez seulement que la guérison n'en sera que plus rapide, car tous les enseignements que vous avez pu tirer pour survivre et guérir lors de votre perte initiale, seront mis en pratique pour toutes les fois suivantes.

- Au troisième anniversaire, vous ressentirez moins votre douleur, et au quatrième, encore moins.

- Notez la date des anniversaires futurs; et, pour cette occasion, prévoyez des activités que vous appréciez particulièrement; de celles qui vous réconforteront et vous remonteront le moral.

- Avec le temps, vous ne vous souviendrez que des meilleurs moments de la période de votre vie qui vous a tant meurtris.

Voilà deux ans, deux heures,
que pour notre malheur

Tu diriges un chœur
en quelque lieu, ailleurs

Tes silences au long
de tes propos sont plus longs.
Plus pesants de leur sens,
tel le monde où tu crois vivre.
Et tout cela me rend
pareil au bateau ivre.

«Une personne hors du passé»
dis-tu en refusant
d'accepter mon présent.

Aux questions, des questions.
Aux états, des silences.

De ton ambiguïté
à mon ambivalence
s'entrechoquent nos Moi
pour la dernière fois.

QUATRE-VINGT-SEPT :

La solitude

- Vous pouvez apprécier le fait de vous retrouver seul à nouveau.

- Appréciez et explorez votre solitude.

- «Seul» ne veut pas dire «solitaire».

- Être seul peut se définir comme suit :

  - plein de délectation
  - reposant
  - exaltant
  - apte à toute forme de joie
  - précurseur de créativité
  - disponible à passer son temps avec la personne la plus importante de votre vie : vous
  - drôle

- D'avoir du plaisir avec vous-mêmes vous prédispose à avoir du plaisir auprès des autres.

La différence entre
«seul»
et
«moi seul»
c'est
moi

et un tout petit espace.

QUATRE-VINGT-HUIT :

La créativité

- Vous allez trouver votre énergie créatrice particulièrement aiguisée. Servez-vous-en.

- De quelle manière? En écrivant? En chantant? En dansant? En jouant la comédie? En faisant des pâtisseries? En faisant des massages?

- Eh bien, quelle que puisse être la manière, faites-le!

- Par exemple, vous doutiez-vous que vous étiez poètes? Prouvez-le à vous-mêmes. Installez-vous avec du papier et un crayon; partez à la découverte de vos sentiments et des mots qu'il faut pour les exprimer et écrivez-les.

Au lieu d'écrire les mot de cette façon,

écrivez-les
de cette
façon

Mettez les mots que vous voulez faire
rimer
sur
des lignes séparées.
Oubliez
vos préjugés.

Essayez ceci deux ou trois fois, persistez et vous aurez un poème.

Règle 1 : Ligne après ligne, changez le rythme.

Règle 2 : La poésie est, avant tout, l'expression honnête et sincère d'une expérience pleinement ressentie.

QUATRE-VINGT-NEUF :

Amusez-vous!

- Soyez heureux, amicaux, pleins de joie, souriants, amusés, aussi souvent que vous le pouvez, aussi intensément que vous le pouvez, aussi longtemps que vous le pouvez.

- Vous pouvez éprouver, après une perte, des sentiments de culpabilité de vous sentir joyeux. Sachez que vous ne trahissez en rien le souvenir de votre amour perdu et que la joie fait partie de votre épanouissement.

Ce poème
est un baiser
à ton souvenir.

QUATRE-VINGT-DIX :

Les appréciations

- Durant votre épanouissement, vous commencerez à retrouver votre sens des valeurs et le respect de vous-mêmes. Vous retrouverez le cœur d'enfant que vous aviez perdu depuis si longtemps.

- Appréciez-le.

- Les couchers de soleil et les rires d'enfants. Les rues de la ville et les chemins de campagne. L'émerveillement de ce temps qui s'appelle «la vie».

- Le temps des découvertes ne doit jamais finir.

Des danses cosmiques
aux mélodies célestes,

libres de toutes
contraintes et sans limites
définies.

La peinture que je connais.
Le canevas que j'apprendrai,

car peut-être,
un jour,
naîtra l'artiste.

QUATRE-VINGT-ONZE :

Faites quelque chose pour quelqu'un

- Si vous commencez à vous apitoyer sur vous-mêmes (pas de la vraie pitié, mais une sorte de «Pauvre de moi!») la meilleure manière de vous défaire de cet état de chose, c'est de faire quelque chose pour quelqu'un :
  - Conduisez quelqu'un au marché.
  - Réparez la voiture d'un ami.
  - Portez-vous volontaires pour prendre les appels à votre bureau local de prévention des suicides ou d'un service similaire.
  - Allez rendre visite à quelqu'un à l'hôpital - peu importe qui.
  - Lavez les vitres ou allez faire le ménage chez une personne âgée.
  - Faites la lecture à un aveugle.
  - Parlez avec quelqu'un qui est seul.
  - Écoutez ceux que personne n'écoute.
- Donner est le plus grand cadeau que vous puissiez vous faire.
- Comme dit le proverbe : «N'attendez pas de rendre une faveur que l'on vous fait, faites-en une». Car, à présent, il vous faut transmettre toutes les faveurs que vous avez reçues durant votre perte.

En prenant,
je reçois,

En donnant,
je reçois aussi.

En étant aimé,
je suis comblé.

En aimant,
je me comble moi-même.

Le plus grand cadeau
c'est de remplir un vide
ignoré.

QUATRE-VINGT-DOUZE :

Appréciez votre croissance

- Ayant surmonté votre crise, attendez-vous à vous découvrir :
  - plus forts
  - différents
  - plus évolués
- Vous avez changé et vous vous êtes épanouis pour être :
  - plus heureux
  - plus joyeux
  - plus indépendants

Le monde au-dehors
est un miroir
qui reflète

le bien et le mal
la joie et la peine
le rire et les larmes

qui sont en moi.

Certaines gens
sont de troubles miroirs
où il est mal aisé de se voir.

Mais toi…

Je te regarde
et je vois
toute la beauté
qui est au fond de moi.

QUATRE-VINGT-TREIZE :

Votre bonheur dépend de vous

- Votre bonheur dépend du *comportement* que vous adoptez face à ce qui vous arrive ou qui ne vous arrive pas.

- Ce concept vous semblera révolutionnaire, mais les problèmes ne doivent pas vous rendre malheureux.

- Ceci va dans le sens de notre programme éducatif qui veut que l'on *doive* réagir négativement face à certains événements négatifs.

- Il n'en demeure pas moins que notre bonheur dépend toujours de *nous*.

- Cessez d'attendre le Prince Charmant, Cendrillon, plus d'argent, le bon emploi, la parfaite santé ou *n'importe quoi d'autre* avant de vous sentir heureux.

- Cessez d'attendre.

- Optez pour la satisfaction.

- Soyez heureux.

- Maintenant.

Je suis digne.

Je suis digne de ma vie
et du meilleur en elle.

Je suis digne de mes amis
et de leur amitié.

Je suis digne de ces ciels infinis,
de ces amples vagues,
la pourpre majesté des montagnes
au-dessus des plaines fertiles
dont je suis digne aussi.

Je suis digne de ce bonheur
tant proscrit
durant des temps obscurs.

Je suis digne de création,
de sensation et d'appréciation.

Je suis digne de la paix de l'esprit,
de la paix sur la terre,
d'une part d'ici-bas
et de participer.

Je suis digne de la présence de Dieu dans ma vie.

Je suis digne
de m'aimer.

QUATRE-VINGT-QUATORZE :

Fêtez!

- Organisez une fête pour célébrer votre renaissance.

- Invitez toutes les personnes qui vous ont aidés à surmonter vos obstacles, à guérir et à vous épanouir. Demandez à chacun d'entre eux d'amener un ami (une excellente façon de faire de nouvelles connaissances).

- Si fêter n'est pas votre genre, faites savoir combien vous avez apprécié l'aide des autres en leur envoyant une lettre de remerciements, des fleurs, un cadeau ou tout ce que vous jugerez approprié.

- Souvenez-vous que leur aide vous a été précieuse lorsque vous rencontrerez quelqu'un dans le besoin.

- Et, surtout, n'oubliez pas de vous féliciter pour vous en être si bien sortis.

- Vous avez vécu une perte, vous l'avez surmontée, vous avez guéri et vous vous êtes épanouis.

- C'est le moment de célébrer cet événement.

FÉLICITATIONS!

Que mon amour
et la lumière de Dieu
soit avec toi.

Dans tout
ce que tu es
et tout
ce que tu fais.

À propos des auteurs

MELBA COLGROVE, docteur en philosophie, est diplômée en littérature, en commerce extérieur, en éducation spécialisée, et elle est conseillère en psychologie organisationnelle. Elle reçut son diplôme de docteur en philosophie en 1966 à l'université du Michigan. Sa thèse de doctorat traitait de la résolution des problèmes de création. Actuellement, elle est conseillère-experte et écrit depuis sa résidence d'Oxford, dans le Michigan. Elle fait également partie du personnel du *Waterford Family Counseling* à Waterford, Michigan.

HAROLD H. BLOOMFIELD, docteur en médecine, est un des éducateurs en psychologie parmi les plus importants de notre temps. Psychiatre issu de Yale, il introduisit la méditation, la santé holistique et la paix familiale dans des millions de foyers. Il est professeur-adjoint à l'Union Graduate School. Un livre sur la méditation, dont il fut le co-auteur, fut sur la liste des best-sellers du *New York Times* durant plus de six mois. Le docteur Bloomfield est co-auteur d'autres best-sellers incluant *Making Peace with Your Parents, Making Peace With Yourself, Inner Joy* et *Lifemates*. Ces livres ont été vendus à plus de 5 000 000 d'exemplaires et traduits en vingt-deux langues. Harold H. Bloomfield est parmi les orateurs et les maîtres de conférence les plus recherchés dans le monde. Il est fréquemment invité aux *Oprah Winfrey Show, Donahue, Sally Jesse Raphael* et *CNN.* Ses chroniques paraissent dans des magazines tels que *Cosmopolitan, Ladies Home Journal, Health* et *New Woman*. Le docteur Bloomfield possède un cabinet privé de psychiatrie et de psychothérapie à Del Mar, en Californie.

PETER McWILLIAMS a publié son premier livre, un recueil de poèmes, à l'âge de dix-sept ans. Ses ouvrages de poésie se sont vendus à plus de 3 500 000 d'exemplaires. Cet ouvrage est inspiré de *Surviving the Loss of Love*. Un livre sur la méditation, dont il fut le co-auteur, fut numéro un sur la liste des best-sellers du *New York Times*. *The Personnal Computer Book* fut également un best-seller. Ses livres, *Life 101 Series*, écrits avec John-Roger furent tous des best-sellers. (*Do It!* fut numéro un au *New York Times*). C'est un éditorialiste national reconnu et il dirige des séminaires et apparaît souvent au *Oprah Winfrey Show, Donahue, Larry King* et *The Today Show*.

Achevé d'imprimer au Canada
Imprimerie Gagné Ltée Louiseville